FACULTÉ DE DROIT DE PARIS.

THÈSE

POUR

LE DOCTORAT

DROIT ROMAIN

DES ARGENTARII

DROIT FRANÇAIS

DES COMPTES COURANTS

PAR

Ludovic LANGLOIS,

Avocat à la Cour d'appel, — Lauréat de la Faculté de Paris.

PARIS

IMPRIMERIE DE E. DONNAUD

9, RUE CASSETTE, 9

—

1875

FACULTÉ DE DROIT DE PARIS

THÈSE

POUR

LE DOCTORAT

DROIT ROMAIN

DES ARGENTARII

DROIT FRANÇAIS

DES COMPTES COURANTS

L'ACTE PUBLIC SERA SOUTENU
le 8 avril 1875, à 2 heures,

PAR

Ludovic LANGLOIS,
Né à Évreux (Eure),
Avocat à la Cour d'appel. — Lauréat de la Faculté de Paris.

Président : M. VALETTE, *professeur.*

Suffragants	MM. DEMANTE, GÉRARDIN, LÉVEILLÉ,		*Professeurs.*
	ACCARIAS,		*Agrégé.*

PARIS
IMPRIMERIE DE E. DONNAUD
9, RUE CASSETTE, 9

1875

A MON PÈRE

—

A MA MÈRE

DROIT ROMAIN

DES ARGENTARII

CHAPITRE PREMIER.

GÉNÉRALITÉS.

§ 1. *De la banque à Rome et de son histoire.*

Le commerce de banque était exercé à Rome par une classe spéciale de commerçants appelés *argentarii*. Ces *argentarii* furent à Rome, ce que furent à Athènes les *trapezitæ*, dont nous devons dire quelques mots.

Les trapézites athéniens, dans lesquels il faut voir les ancêtres des banquiers romains, nous sont assez bien connus, grâce surtout à certains plaidoyers d'Isocrate et de Démosthènes, qui nous initient à la pratique même de leurs opérations. Tout ce qui constitue le commerce de l'argent, depuis le simple change jusqu'aux transactions de haute finance, était de leur ressort : ils changeaient les monnaies, recevaient des dépôts, faisaient valoir les fonds qu'on leur confiait en placement, prêtaient de l'argent, effectuaient les paiements pour le compte de leurs clients et se chargeaient de faire passer de l'argent dans les différentes places commerciales, au grand avantage des commerçants et des voyageurs. Le commerce de banque trouvait d'ailleurs en Grèce de puissants éléments de prospérité dans le génie commercial de ce peuple, dans son goût des entreprises lointaines et dans son activité audacieuse. Aussi les banques grecques survécurent-elles à la conquête et nous trouvons encore mention dans Cicéron d'importantes maisons d'Ephèse et de Corinthe. Toutes leurs opérations étaient constatées par des registres tenus ponctuellement et les comptes étaient dressés sur l'heure.

A ces attributions spéciales au commerce de banque, ils joignaient en outre les fonctions de notaires, et en cette qualité leur intervention était nécessaire tout le monde ayant besoin, pour assurer l'exécution des conventions, de s'adresser à des gens dont la position sociale fût une garantie, qui pussent servir de témoins, rédiger les actes et les conserver chez eux (Démosthènes, *Phormion*, § 6, *Dionysodore*, § 15), mais cette attribution n'était qu'accessoire (1).

Pour les *argentarii*, nous n'avons pas la bonne fortune de rencontrer des textes aussi détaillés et aussi précis, mais cependant les renseignements épars que

(1) De Koutorga, *Essai historique sur les trapézites d'Athènes* (Travaux de l'Académie des sciences morales et politiques, L. p. 231). — Sur la question spéciale de savoir si les trapézites ont connu la lettre de change, consulter Egger, *Mémoires d'histoire ancienne*. Durand, 1863 ; — Caillemer, *Etudes juridiques*, VI.

fournissent le Digeste et quelques passages d'auteurs classiques nous permettent de nous faire une idée assez exacte de leurs diverses attributions, qui, comme on le verra, sont les mêmes que celles des trapézites : ils pratiquaient le change, prêtaient de l'argent, servaient d'intermédiaires dans les paiements, recevaient des dépôts, tenaient des registres, etc., etc. Mais les Romains n'avaient pas la même aptitude commerciale que les Grecs, et, malgré les immenses capitaux que la conquête avait fait affluer à Rome, les banques romaines n'eurent jamais la même importance que les banques de la Grèce, et les *argentarii* n'ont pas su perfectionner les merveilleuses ressources créées par les trapézites : la banque ne réalisa pas de progrès sensibles entre leurs mains. Cependant, ils se recommandent à l'étude de l'historien et de l'économiste à raison du rôle, quel qu'il soit, qu'ils ont rempli dans l'histoire économique de Rome.

Les *argentarii* furent de tout temps des gens considérables. Sous la République, les chevaliers ne dédaignaient pas de se livrer à l'exercice de cette profession, et cela se comprend facilement, si l'on rappelle qu'ils étaient chargés du maniement des deniers publics et de la ferme des impôts (1). Plus tard, au Bas-Empire, l'in-

(1) Voir pour la part que prirent les chevaliers romains dans l'exercice de la banque, le remarquable ouvrage de M. Belot sur *Les chevaliers romains*, tome II, p. 149 ; mais il y a peut-être de l'exagération à dire que presque tous furent des banquiers; cette allégation du moins ne ressort pas avec évidence des textes invoqués par l'auteur (Cic. *Pro domo sua*, 28; *Famil.*, v. 6; Sall. *Jug.* 65, etc., etc.). On voit dans ces différents passages des che-

fluence des banquiers grandit avec la misère toujours croissante des particuliers, forcés de s'adresser à ces derniers dépositaires de la fortune publique, et nous les voyons accaparer les charges et les magistratures. C'est ainsi qu'Ammien Marcellin, parlant de l'excellente administration de Valentinien en donne cette preuve que, sous son règne, aucun banquier ne fut gouverneur de provinces, et l'historien Zozime nous apprend que ce n'était là qu'une exception et qu'il était loin d'en être de même sous Théodosien : « *Videre erat argentarios, et nummularios, et alios professiones fœdissimas in foro obeuntes, magistratuum insignia ferre, majoremque pecuniæ vim habentibus provincias tradere* (1). » Ce passage en constatant l'influence des banquiers signale en même temps une certaine déconsidération morale attachée à leur profession et qui semble contradictoire avec le crédit dont ils jouissent et la confiance qu'ils inspirent. Sans doute, cet historien se place à l'époque du Bas-Empire et au moment où la corruption pénètre partout, mais ce n'est pas seulement dans cette période de décadence que nous trouvons cette tache imprimée à l'exercice de la banque : au temps même de la République et quand les chevaliers romains environnés de la considération générale se livraient au commerce de l'argent, nous rencontrons de semblables attaques. Les invectives de Plaute contre le banquier

valiers exercer la banque ; mais il n'y est pas établi que cet usage ait été général, et on ne peut en tirer qu'une conjecture.

(1) Ammien Marcellin, Zozime, *apud* Godefroy, *Code théodosien*, t. IV, p. 579.

Lycon ont été bien souvent citées et l'on pourrait facilement en donner d'autres témoignages (1). Il ne faudrait pourtant pas en conclure que tous les *argentarii* aient été des gens méprisables et des fripons; car la bonne foi seule peut inspirer la confiance nécessaire à la prospérité de cette industrie; on ne doit donc voir dans ce fait, qui s'était également produit en Grèce, qu'une flétrissure imprimée à quelques-uns d'entre eux qui négligeaient leurs véritables attributions pour s'adonner à l'usure; la fuite de quelque *argentarius* explique les boutades plaisantes du comique latin contre les banquiers *plus rapides que des lièvres lâchés dans les jeux* (2); mais les Lycons furent certainement des exceptions, car l'industrie de la banque n'aurait pu se développer, si, comme le banquier de la comédie, les *argentarii* avaient mis en pratique cette maxime : *Ne rendre jamais, mais accepter toujours* (3). Quant à cette sorte de déconsidération qui semble à toutes les époques atteindre les *argentarii*, dont on vante autre part la probité et l'honorabilité, on peut en donner diverses raisons : la première, c'est que la banque était souvent exercée par les publicains et l'on sait quel mépris et quelle haine populaires ont excité ces fermiers d'impôts qui ont pressuré avec avidité et quelquefois avec cruauté les provinces romaines. Une autre cause,

(1) Suétone, *Vie d'Auguste*, c. 2 et 4. L'on y voit que l'on faisait un reproche à Auguste, de descendre d'un banquier.

Plaute, *Curculio*, *passim.*, notamment acte IV, sc. 2, v. 515. — *Aulularia*, III, 6.

(2) Plaute, *Persa*, acte III, sc. 6, v. 432.

(3) Plaute. *Curculio*, acte III, sc. 1, v. 380 et suiv.

c'est que déjà, surtout au temps de l'Empire, la banque était exercée par des Juifs, par les *Samaritani* (1), et l'on sait également combien cette race était odieuse au peuple romain. Enfin, c'est qu'à Rome l'usure a sévi toujours avec une grande intensité et que dans les provinces elle ne connaissait plus de bornes; les *argentarii* furent nécessairement entraînés par ce courant, et l'on rendit la profession responsable des agissements de quelques-uns d'entre eux.

Quoi qu'il en soit, l'honorabilité générale de la corporation des *argentarii*, qui explique d'ailleurs leur crédit et leur influence, nous est attestée en d'autres endroits, et nous avons surtout un témoignage important dans les trois longues constitutions qu'a consacrées Justinien aux *argentarii* (2). Ce prince, qui leur accorde une série de faveurs et répond à leurs réclamations par de nombreuses mesures destinées à les protéger contre la mauvaise foi et les fraudes, dont ils sont les victimes, rend un hommage officiel à leur probité et à leur bonne foi, et c'est avec les plus pompeux éloges qu'il les recommande à la bienveillance et à la justice du préfet Tribonien, à raison de leur désintéressement et de leur zèle.

C'était dans des boutiques ou *tabernæ* que les banquiers exerçaient leur commerce; elles étaient situées dans le Forum, comme celles des trapézites d'Athènes

(1) Justinien, Edit IX, c. 2.
(2) Novelle 136, *de Argentariorum contractibus.*
Edit VII. *Forma pragmatica de argentariorum contractibus.*
Edit X. *De Argentariorum contractibus.*

étaient établies sur l'Agora. Ces *tabernæ*, que l'on distinguait depuis l'incendie de la seconde guerre punique en *novæ* et *veteres* (1), étaient réunies sous les arceaux du temple de Jánus (2), près du temple de Castor (3). Ces boutiques étaient construites et louées par les censeurs pour le compte de l'Etat (4) et elles portaient des enseignes (5); quant à leur disposition intérieure, on y remarquait la *mensa* ou comptoir, qui devint dans le langage synonyme de *taberna*, comme la *trapeza* des banquiers grecs et le banc de bois des italiens, qui donnèrent leur nom à la profession même (6). Nous n'avons pas à insister sur ces détails d'archéologie, ni à signaler les nombreuses discussions que ces questions ont soulevées et qui ne seraient pas à leur place dans une étude exclusivement juridique.

Au point de vue du droit, les *argentarii* présentent

(1) Varro, *de Lingua latina*, 5, 7. — Tite-Live, XXVI, 27 — XL, 51. — Plaute, *Curcul.* acte IV, sc. 1. etc., etc.; sur l'origine de cette distinction, voir Sigonius, *de Antiq. juré civ. Rom.* II, c. 11 — Kraut, *de Argentariis*, c. 4.

(2) Ovide, *Rem. Am.* v. 561 — Cic. *Philip.* VI, 5. — *De Off.* II, 25.

(3) Cic. *Philip. loc. cit.* — Plaute, *Curc.*, IV, 1. — Juvin. Sat. XIV, V. 260.

(4) L, 32, D. XVIII, 1, *de Contrah. empt.*

(5) Cette enseigne consistait ordinairement en un bouclier. Quintil. VI, 3, § 39. — *Inscript. de Muratorius*, p. 610, 1. — On s'est demandé si tous les *argentarii* n'avaient pas pour même enseigne un bouclier. Tite Live (IX, 40) nous apprend qu'après la défaite des Samnites, en 309, on distribua les boucliers d'or des vaincus, entre les *argentarii* du Forum pour orner leurs boutiques.

(6) Sur ces détails archéologiques, consulter un article de M. Saglio du *Dictionnaire des antiquités grecques et romaines* (Hachette, 1874), v° *Argentarius*, et les autorités citées par lui. — Voir aussi Kraut, *de Argentariis*, c. 4.

un certain intérêt à raison des dérogations au droit commun nécessitées par la nature particulière de leur industrie : ce sont ces dispositions de lois spéciales aux *argentarii* que nous allons étudier. Elles sont de deux sortes : les unes sont des faveurs accordées à une profession qui est d'intérêt public; les autres consistent dans des mesures de précaution, prises contre les banquiers dans l'intérêt des particuliers.

Nous diviserons notre travail de la manière suivante: nous examinerons successivement dans une première partie quelles étaient leurs opérations et les dérogations au droit commun apportées pour chacune d'elles. Dans une seconde partie nous étudierons toutes les règles de droit relatives aux registres tenus pour la constatation de ces opérations. Nous consacrerons enfin notre dernier chapitre à l'examen des caractères spéciaux des sociétés de banque.

Mais avant de terminer ces généralités, nous avons encore à parler des différents noms donnés aux *argentarii* et de leur condition dans la société romaine; ce sera l'objet des paragraphes suivants.

§ 2. *Des différents noms donnés aux* argentarii.

L'on trouve dans les auteurs classiques et dans les textes juridiques l'emploi d'expressions diverses pour désigner les personnes qui se livrent au commerce de l'argent, et alors se pose la question de savoir si chacune de ces dénominations ne sert pas à désigner des fonctions et des professions distinctes. Ces différents noms sont assez nombreux : voici les principaux : *argentarius*, *argentariæ mensæ exercitor*, *argenti distractor*, *trapezita*, *nummularius*, *mensarius*, et *mensularius*.

Quant aux quatre premières expressions que nous citons, elles sont évidemment synonymes. Le mot *trapezita* n'est qu'une traduction grecque du mot *argentarius* et l'emploi fréquent que Plaute fait indistinctement de ces deux mots montre bien qu'il n'y avait rien de différent entre ces deux dénominations. — L'*argentariæ mensæ exercitor* n'est également qu'un *argentarius*, comme nous en avons la preuve dans les lois 9, § 2 et 4, *de Edendo*, combinées. — Quant à l'expression d'*argenti distractores*, on ne la rencontre que dans les constitutions de Justinien qui l'applique aux *argentarii* de Constantinople.

Le sens des autres mots donne lieu à plus de difficultés. Il faut d'abord pour le mot *mensarius* écarter une de ses acceptions, qui est certaine et n'a rien à voir dans notre sujet : dans certains moments de crise financière, on créa à Rome des magistrats extraordinaires au nombre de cinq ou de trois sous le nom de *quinque viri* ou *triumviri mensarii*.

C'est ainsi qu'en l'an de Rome 403, on créa cinq *mensarii* chargés d'acquitter avec les fonds du trésor public les dettes des plus pauvres plébéiens qu'avait ruinés l'usure, et Tite-Live rend hommage à l'équité et au dévouement de ces magistrats dans l'accomplissement de leurs délicates fonctions. Pendant la seconde guerre punique en l'an de Rome 506, la rareté des capitaux amena également la création de trois *mensarii*, dont Tite-Live fait encore mention en l'an 538; ils avaient été chargés de recevoir les offrandes patriotiques des citoyens, et l'empressement fut tel qu'ils ne pouvaient suffire à leur tâche. Mais ces magistrats, investis d'un pouvoir public, disparurent dès que leur mission passagère fut remplie et le mot *mensarius* qui survécut à cette disparition eut dès lors un autre sens. On a voulu voir dans ces magistrats l'origine des *argentarii*, ceci est inadmissible; car il est bien certain que les *argentarii* existaient avant cette époque et il est bien plus naturel de croire qu'ils s'établirent à l'imitation des banquiers grecs, dont les comptoirs couvraient le sud de l'Italie.

Mais quel fut le sens du mot *mensarius* après la disparition des magistrats éphémères qui avaient porté ce nom? Il semble qu'ainsi que le mot *mensularius*, qui en est dérivé, le mot *mensarius* ait été synonyme de *nummularius*; du moins n'existait-il entre ces trois qualifications qu'une différence très-minime. Ainsi la loi 47 (D. *de Pactis*) emploie indistinctement pour désigner une même personne les deux mots de *mensularius* et de *nummularius;* de même Suétone (*Auguste*, c. 4) raconte que l'on reprochait à Auguste de descendre d'un *nummularius* qu'il appelle dans la même phrase *mensarius*, et Festus dit « *mensarius, id est nummularius.* »

Nous n'insisterons pas davantage; le *mensarius* ou *mensularius* n'est qu'un *nummularius*. Mais le *nummularius* et l'*argentarius* sont-ils différents?

Ceci nous paraît bien probable : dans la loi 9, D. *de*

Edendo, Paul nous dit que Pomponius est d'avis que le *nummularius* soit tenu à l'*editio rationum*, comme l'*argentarius*, qui y est obligé expressément aux termes de l'édit. Il est donc bien certain qu'à cette époque une différence existait entre eux, bien qu'on l'ait contestée ; mais nous devons ajouter qu'elle n'a peut-être pas toujours existé et que dans tous les cas cette différence n'avait pas une grande importance, car la même loi 9 nous apprend que le motif de la décision de Pomponius, c'est qu'ils reçoivent et prêtent de l'argent, comme les *argentarii*, que comme eux ils tiennent des registres, en un mot qu'ils font les mêmes opérations et ont les mêmes attributions. Quelle était donc la raison de cette distinction ? On en a proposé bien des explications, toutes aussi conjecturales les unes que les autres. Les *nummularii* étaient-ils les commis des *argentarii*, comme le prétend Saumaise(1), ou bien des *argentarii* de condition inférieure, comme l'affirme Cujas (2), ou de simples changeurs, comme le propose Faber ? Aucune de ces opinions, pas plus que d'autres qui ont été encore proposées, ne s'appuie sur des textes assez précis. Celle qui nous semble la plus probable, bien qu'elle ne soit pas mieux prouvée, est celle proposée par Lauterbach : on remarque que les *nummularii* n'apparaissent qu'assez tard ; ainsi Plaute ne parle jamais que des *argentarii* et l'édit du préteur, ainsi que l'apprend la loi 9, n'avait visé dans ses dis-

(1) Saumaise, *de Usuris*, c. 17, p. 197.
(2) Cujas, *Comment. in lib.* 3, Paul, *ad Edict. sub. lege*, 9. § 2. D. *de Edendo*. — *Observ.* liv. 10, c. 14.

positions que les argentarii ; ne peut-on pas dès lors supposer qu'au moment où le commerce de l'argent prit toute son extension, il se créa à côté des banquiers, qui faisaient partie d'une corporation, des traficants, des banquiers en dehors de la corporation qui se livraient aux mêmes opérations, et auxquels on donna un nom particulier ? Ceci expliquerait assez la confusion fréquente de ces dénominations et en même temps l'application faite par le jurisconsulte aux *nummularii* de règles primitivement spéciales aux *argentarii*. L'*argentarius* serait donc le banquier ayant boutique au Forum et faisant partie du collége des *argentarii* ; le *nummularius* serait un banquier en dehors de la corporation. Cette opinion toute conjecturale, rend du moins compte de la loi 9, § 2.

Signalons, pour terminer ce paragraphe, l'expression de *collectarii* qui semble employée dans le Code théodosien avec le sens d'*argentarii* ; ce serait là un détournement du sens primitif de ce mot qui désignait d'abord, ainsi que l'expression de *coactores*, les hommes employés par les banquiers au recouvrement des sommes à eux dues, soit à la suite de ventes aux enchères, soit à la suite d'opérations de banque. C'étaient des employés subalternes et mercenaires.

§ 3. *De la condition des* argentarii *dans l'Empire et de leurs corporations.*

On admet généralement que les *argentarii* constituaient de véritables officiers publics, et l'on invoque en ce sens un texte de Gaïus (10, § 1, *de Edendo*) qui dit que leur ministère *publicam habet causam.* — Nous croyons que ce texte est insuffisant pour prouver ce que l'on avance, et qu'on lui attribue une portée qu'il n'a peut-être pas. Gaïus peut vouloir dire que leur profession est d'intérêt public : c'est là un caractère sur lequel insiste longuement Justinien dans ses constitutions ; mais le caractère d'officiers publics qu'on veut leur reconnaître n'est pas suffisamment prouvé, et nous avons au contraire d'autres textes qui semblent le leur refuser : ainsi nous voyons des esclaves d'*argentarii* tenir la place de leurs patrons et exercer leurs fonctions (L. 9, § 1 ; S. 5, § 3, *de Edendo* ; L. 19, § 1, *de Inst. act.*) ; nous trouvons également la prohibition faite aux femmes d'exercer la banque ; cette prohibition serait inutile, si le banquier était un fonctionnaire et du reste l'on en donne le vrai motif, c'est que la banque est « *viriles opera* » (L. 12, *de Edendo.*)

On a encore invoqué, en faveur du système que nous croyons devoir rejeter, deux arguments de textes, qui ne nous semblent pas plus décisifs. — La loi 50 D. *de Administ. tutor.* dispose que le tuteur, qui a placé l'argent de son pupille chez un *argentarius*, n'est pas responsable de l'insolvabilité de cet *argentarius ;* c'est, a-t-on dit, que l'autorité garantit la bonne foi des *argentarii ;* c'est donc que l'Etat les choisit et les nomme. — On a oublié que la loi dit que dans l'espèce le banquier était *celeberrimus,* jouissait d'une excellente réputation ; si donc le tuteur est alors déchargé de sa responsabilité, ce n'est pas parce qu'il s'est adressé à un *argentarius*, mais parce qu'il s'est adressé à un banquier qui était *celeberrimus* ; il eut au contraire été certainement responsable s'il avait fait un mauvais choix. La mention faite dans le texte de la bonne réputation et du crédit de l'*argentarius* serait peu nécessaire, si la dispense de responsabilité dépendait de la confiance attachée non à l'homme, mais à sa qualité.

Le second argument est tiré de la loi 2 du titre *de Off. præf. urbi*, au Digeste. Cette loi soumet à la juridiction du préfet de la ville les affaires pécuniaires intentées par ou contre les *argentarii*. Cette juridiction, s'appliquant ordinairement aux affaires concernant l'Etat, on en a conclu que les *argentarii* faisaient partie des fonctionnaires nommés par le gouvernement ; mais cette conséquence n'est pas nécessaire ; et on peut expliquer l'intervention du *præfectus urbi* par la surveillance qu'il était chargé d'exercer sur toutes les corporations et principalement sur celle des banquiers, à raison des désordres qu'entraînent les crises financières. Du reste, cette intervention n'était pas nécessaire, et nous voyons, dans l'édit VII de Justinien, que la plupart des contestations relatives aux opérations des *argentarii* se vidaient également devant les tribunaux ordinaires.

Les *argentarii* n'étaient donc pas des officiers publics, mais de simples commerçants qui, comme tous les commerçants, formaient une corporation ou collége ; le collége des *argentarii* eut nécessairement une importance proportionnée à celle de ses membres ; l'existence de ce collége doit être fort ancienne, quoiqu'il n'en soit fait mention qu'assez tard, sous Justinien, dans ses constitutions; il y est également fait allusion dans une constitution d'Arcadius et Honorius (5, § 1, C.th.XVI, 4) ; mais nous n'avons pas de renseignements sur l'origine, la constitution et les priviléges de ce collége.

CHAPITRE II.

DES DIVERSES OPÉRATIONS DES ARGENTARII.

§ 1. *Du change.*

Le change des monnaies fut la première opération des *argentarii*, celle qui donna naissance à leur institution, et ce ne fut pas la moins importante, à cause de la situation économique où Rome se trouva bientôt placée.

La conquête y avait fait affluer une masse incalculable de monnaies de tous les temps et de tous les pays qu'augmentaient chaque jour les relations forcées qui s'établirent entre Rome et les autres peuples. Ce fut aux *argentarii* qu'on s'adressa pour échanger la monnaie romaine contre la monnaie étrangère et réciproquement, suivant le besoin que l'on avait de se procurer l'une ou l'autre ; ils s'en chargeaient moyennant un certain profit appelé *collybus* (1), qui variait naturellement suivant la

(1) Cic. *ad Attic.* XII, 6 « de Cœlio, vide quæso, ne qua lacuna » sit in auro; ego ista non novi; sed certe est in *collybo* dedetri» mentum. »

Suétone, *Vie d'Auguste*, c. 4. « Macrna tibi farina ex crudis-

rareté plus ou moins grande de la monnaie demandée. Cela pouvait dépendre de la valeur intrinsèque et réelle de certaines monnaies recherchées, comme les *Victoires* d'Illyrie ou les *Philippes* de Macédoine ; il pouvait aussi arriver que la monnaie, dont on avait besoin, eût été frappée en quantité médiocre par une petite ville et ne circulât guère que chez elle ou dans l'Etat voisin ; enfin c'était quelquefois causé par la nécessité où se trouvaient les commerçants, d'expédier sur certaines places pour solder leurs achats, une plus ou moins grande quantité de monnaies recherchées sur ces marchés. Il fallait une grande expérience et une grande habileté, au milieu de ces variétés de systèmes monétaires pour déterminer la valeur comparative de ces diverses monnaies; aussi chaque fois qu'on avait besoin de la savoir, fallait-il s'adresser aux banquiers, qui seuls avaient les connaissances nécessaires. C'est ainsi que dans un plaidoyer de Cicéron, nous voyons P. Quintius, ayant à effectuer à Rome un paiement et n'ayant que des monnaies gauloises, s'adresser aux *argentarii* établis autour du temple de Castor ; car, dit Cicéron, à raison de la différence de monnaies, *propter œrariam rationem*, il ne suffisait pas de fixer le chiffre de la dette, mais il fallait encore déterminer la somme à verser (1). Les *argentarii* se trouvaient donc ainsi investis d'une des attributions de nos agents de change ; ils fixaient le cours de change.

Leur intervention n'était pas moins nécessaire dans

» simo Ariciæ pistrino : hanc finxit manibus *collybo* decoloratis
» Nerulonensis mensarius. »

(1) Cic., *Pro Quintio*, c. 4.

l'appréciation de la monnaie nationale. Le système monétaire romain a subi des variations nombreuses et les monnaies de cuivre, d'argent et d'or ont tour à tour été modifiées dans leur titre, leur poids et leurs fractions divisionnaires (1). On avait encore recours à l'expérience des *argentarii* pour déterminer la valeur exacte de chaque monnaie romaine qui variait suivant la date souvent mal appréciable de sa fabrication et les altérations qu'elle avait pu éprouver. Ils joignaient ainsi aux fonctions de changeurs celles d'essayeurs de métaux et nous avons des exemples de leur fréquente intervention à ce titre; lorsqu'on avait à effectuer un paiement, on remettait les pièces à un banquier pour les vérifier (2).

On conçoit donc combien, à raison de cette incertitude dans la monnaie nationale et de l'affluence à Rome de monnaies de tous les temps et de tous les pays, cette branche de l'industrie des *argentarii* fut importante et combien aussi elle exigeait d'expérience et de probité;

(1) L'as de cuivre primitivement d'une livre s'abaissa successivement à 4 et à 2 onces, puis à 1, enfin à 1/2 once. Le denier d'argent, créé suivant Pline en l'an de Rome 485 et valant 10 as, fut d'abord le 40e, puis le 75e, puis le 84e de la livre d'argent, et quand l'as ne valut plus qu'une once, en 537, le denier au lieu de valoir 10 as, en valut 16. — Quant à la monnaie d'or introduite à Rome en 547, l'*aureus*, dont la valeur fut successivement de 40, puis de 25 deniers, représenta d'abord le 40e, puis sous Auguste le 45e d'une livre d'or. — Consulter à ce sujet Dureau de la Malle, *Economie politique des Romains*.

(2) L. 39, D. *de Solut*. 46, 3.

Apulée, *Metam*, X, édit. Nisard, p. 388. « Ne forte aliquis, in » quam, quos offers aureorum nequam vel adulter reperiatur, in » hoc ipso sacculo conditos eos annulo tuo prænota, donec altera » die, nummulario præsente, comprobentur. »

car les difficultés étaient grandes (1) et tous les jours les plus graves intérêts étaient abandonnés à leur bonne foi et à leur discrétion. Mais s'ils ont pratiqué le change des monnaies, il nous reste à savoir s'ils n'ont pas également connu le contrat de change tel que nous l'entendons aujourd'hui et dont la lettre de change est l'instrument le plus parfait; c'est le change qui, comme le définit Pothier, consiste en un contrat par lequel une personne donne ou s'oblige à donner une certaine somme en certain lieu, à une autre personne qui s'oblige à la faire compter dans un autre lieu. Il est à peu près certain que les *argentarii* se chargeaient, moyennant une somme reçue à Rome, de procurer le paiement d'une pareille somme dans un autre lieu, en tenant compte du cours du change, du temps et des différents lieux. C'est ce qu'on désignait par l'expression de *permutatio*, fréquemment employée dans ce sens par Cicéron, qui semble indiquer que c'est un moyen d'échapper aux risques qui peuvent atteindre les transports de numéraire, *vecturæ periculum*. Il y a donc là le germe du contrat de change; mais la *permutatio* constitue-t-elle, comme on l'a prétendu, une lettre de change? Ceci est fort douteux ; sans doute on soutient que les Grecs l'ont connue et l'on a invoqué un passage d'Isocrate, qui

(1) Toutes les vérifications qu'a à faire le banquier sont résumées dans ces vers d'une comédie attribuée à Plaute, *Querulus* :

Etsi nihil sit tam simile quam solidus solido,
Tamen etiam distantia quæritur in auro,
Vultus, ætas et color, nobilitas, litteratura,
Patria, gravitas atque ad scriptulos,
Quæritur in auro plus quam in homine.

donnerait, dit-on, le texte d'une véritable lettre de change (1); si cela était, il serait plus que probable que les *argentarii* l'auraient connue également; mais son existence chez les Grecs est contestée et dans tous les cas il n'est pas croyable que les Romains, qui n'admettaient pas en principe la cession des créances, aient eu l'idée de recourir, pour faire passer des fonds sur des places différentes, à des effets transmissibles par voie d'endossement. Du reste cette *permutatio*, dont parle à différentes reprises Cicéron, ne semble pas avoir été d'un grand usage; car il demande à Atticus s'il sera possible d'y avoir recours pour faire passer des fonds à son fils qui étudiait à Athènes. La loi 4 § 1, *de Nautico fœnore*, nous apprend que les prêteurs à la grosse aventure envoyaient des esclaves aux ports d'arrivée pour recevoir sur le prix des marchandises vendues le remboursement des sommes prêtées; ce qui fait également supposer que les procédés de change étaient peu pratiqués et bien imparfaits, puisque le prêteur était obligé de faire voyager un esclave.

§ 2. *Du prêt à intérêt.*

Les *argentarii* pratiquaient également le prêt à intérêt et cette opération fut la base de leur fortune, à cause des profits, trop souvent exagérés, qu'elle procurait à Rome.

(1) Isocrate, *Trapézitique*, §§ 35, 36. — M. Caillemer y voit une vraie lettre de change, sans endossement, il est vrai, mais garantie par un aval; M. Egger, *Mémoires d'histoire ancienne*, combat cette interprétation.

Les emprunteurs s'adressaient aux banquiers, à cause de la certitude de trouver toujours des fonds disponibles dans leurs boutiques, établies en plein Forum, au centre des affaires et des plaisirs. Les *argentarii* y consacraient soit leurs propres fonds, soit ceux que leurs clients leur confiaient en placement (1), en les priant de trouver des emprunteurs, soit enfin l'argent qu'ils avaient eux-mêmes emprunté et qu'ils prêtaient ensuite à leurs risques et périls, en bénéficiant de la différence des taux des intérêts (2). Ils se livraient, comme le dit Saumaise, *usuræ tam activæ quam passivæ*. Ce contrat donc était fréquent dans les banques romaines.

Ils se chargeaient même des prêts les plus importants et il semble bien probable que, comme les trapézites, ils venaient au secours des finances obérées de l'État, en lui servant d'intermédiaires dans ses emprunts. Ce n'est qu'une conjecture que semble justifier la constatation par Justinien des importants services qu'ils rendaient à l'État; ce qui est plus certain c'est que leur ministère était souvent invoqué par les cités et les corporations; une inscription, trouvée dans une église de Ravenne, indique même que ce fut un banquier de cette ville, Julianus, qui prêta les fonds nécessaires à la construction de cette église.

Jusqu'à Justinien le prêt à intérêt ne semble pas avoir été l'objet de dispositions particulières aux banquiers; ce contrat était soumis aux règles ordinaires; mais ce

(1) St-Luc, 19, « Cur non dedisti argentum meum mensario. »
(2) Plaute, *Curculio*, IV, 1, 19, « sub veteribus ibi sunt, qui dant quique accipiunt fœnore. »

prince introduisit en leur faveur de nombreuses réformes qui modifient à leur égard le droit commun et leur assurent des garanties spéciales pour les protéger contre l'insolvabilité ou la mauvaise foi de leurs emprunteurs.

D'abord, et c'est là la réforme la plus importante, Justinien les affranchit dans sa novelle 136 de la nécessité d'une stipulation, pour faire courir les intérêts. Un simple pacte suffira aux *argentarii*, parce que l'on considère que les intérêts sont essentiellement de la nature des opérations de banque. Cette règle était importante, car une stipulation en droit commun était nécessaire, puisqu'un pacte joint à un *mutuum* ne pouvait avoir cet effet, le *mutuum* étant un contrat de droit strict, et que, d'autre part, le contrat *litteris* si fréquent en banque ne pouvait par sa nature s'appliquer qu'à une dette échue et exigible. Or la stipulation à raison de ses formalités gênait la pratique de la banque, et il résulte des termes mêmes de la constitution que les *argentarii* n'y recouraient pas et que la bonne foi de leurs clients ne se refusait pas à acquitter les intérêts convenus, qui n'étaient pas légalement dûs. Justinien consacre donc législativement une pratique passée dans l'usage et il donne à sa loi un effet rétroactif. (Nov. 136. c. 4, 5, *in fine.*

D'autres dispositions sont relatives au taux que peuvent réclamer les banquiers; mais nous devons dire quelques mots du taux des intérêts à Rome. Primitivement ce taux n'avait été soumis à aucune loi; mais il devint bientôt si élevé que la loi des XII Tables dut mettre un frein à ces abus en fixant un taux maximum, l'*unciarium fœnus*. Quel était au juste ce taux? C'est une question qui a été vivement discutée et qui a donné lieu à des systèmes très-contradictoires, que nous n'avons pas à étudier ici; nous nous bornerons à exposer le système qui paraît le plus probable et qui est aujourd'hui le plus généralement adopté : l'once est le douzième de l'as; l'*unciarium fœnus* donne une once pour un as par an, soit un douzième du capital; c'est le denier douze, c'est-à-dire 8 1/3 0|0 par an. Si l'on admet avec Niebuhr qu'à l'époque de la loi des XII Tables, les Romains comptaient encore les intérêts d'après l'année de 10 mois, cet intérêt alors est de 10 0|0 pour une année de 12 mois. Plus tard une loi de 408 réduisit ce taux de moitié et établit le *semiunciarium fœnus*; enfin une loi *Genutia*, en 413, abolit, dit-on, le prêt à intérêt. L'existence de cette loi, d'ailleurs incertaine, ne parut pas avoir une grande efficacité; elle fut certainement éludée, comme toutes les lois restrictives de l'intérêt, que Plaute compare plaisamment à de l'eau bouillante qui se refroidit, et le taux d l'intérêt était libre en fait. — Au temps de Cicéron on adopta l'usage grec de calculer les intérêts par centièmes du capital, payables mensuellement; le taux légal fut fixé à 12 0|0; c'est ce que l'on désigne sous le nom de *centesimæ usuræ*, parce que cet intérêt rapporte 1 0|0 du capital par mois, et par suite de l'usage introduit de les acquitter mensuellement aux calendes, le registre qui constatait les prêts à intérêts prit le nom de *kalendarium*.

Jusqu'à Justinien le taux légal fut le même pour les banquiers que pour toute autre personne, et probablement ne fut pas mieux observé par eux que par les autres prêteurs.

Justinien, dans une loi insérée au Code (L. 24, C. *de Usur.*) fixe le taux maximum de l'intérêt d'après la condition des personnes qui prêtent et réduit le taux alors en vigueur. En principe le taux fut fixé à 6 0|0 par an; mais les personnes ayant rang d'illustres ne peuvent prêter qu'à 4 0|0 (*trientes usuræ*, c'est-à-dire *tertia pars centesimæ*) et pour les commerçants et les banquiers le taux licite est porté à 8 0|0 (*besses usuræ*, c.-à-d. les 2|3 de la *centesima*).

Les banquiers, comme les autres commerçants, pouvaient donc prêter à 8 0|0; la novelle 136, c. 4 leur accorde un avantage spécial à leur profession, c'est que, dans le cas où il n'y aurait pas eu de taux convenu, ce taux maximum serait considéré comme sous-entendu.

Un édit de Justinien signale une difficulté à laquelle avait donné lieu cette fixation du taux d'après la condition sociale des personnes. Les *argentarii*, du moins ceux qui faisaient partie du collége de Constantinople, pouvaient acquérir des charges, des *militiæ*; d'un autre côté, il pouvait arriver qu'une personne illustre ou qu'un simple citoyen non commerçant s'associât avec un *argentarius*; les emprunteurs ne manquaient pas alors d'opposer au prêteur sa qualité de non commerçant ou de noble, pour soutenir qu'il ne pouvait prêter qu'à 6 0|0 ou à 4 0|0 et lui refuser le 8 0/0; Justinien fit justice de ces chicanes déshonnêtes et décida que dans ces hypothèses le taux de 8 0|0 serait légitimement dû (Edit 9, c. 6.)

Justinien, dans le même édit, affranchit le banquier d'une autre règle qui interdisait la réclamation du capital prêté lorsque les sommes payées ou dues comme intérêts arrivaient à atteindre le double de la somme prêtée; les banquiers, du moins pour les prêts antérieurs, sont soustraits à l'application de cette loi.

Nous trouvons dans les mêmes constitutions une série de mesures ayant pour même objet d'assurer aux banquiers des garanties contre l'insolvabilité de leurs emprunteurs et contre leur mauvaise foi, s'ils feignaient seulement d'être insolvables.

La novelle 136, c. 3 leur accorde une hypothèque privilégiée sur les meubles et immeubles acquis par leurs clients avec de l'argent emprunté à leur banque : ces biens leur sont adjugés, et ils en deviennent propriétaires, comme s'ils en avaient fait eux-mêmes l'achat, à la condition que le droit d'hypothèque ait été expressément réservé dans l'écrit constatant le contrat, et qu'il soit établi par les banquiers que l'objet a été acquis de deniers prêtés par eux. — Une hypothèse très-voisine de la précédente est celle-ci : on accorde au banquier une hypothèque sur les charges achetées par leurs emprunteurs pour leurs fils ou proches parents; seulement dans ce cas le banquier n'a aucune preuve à faire, c'est au titulaire de la charge, contre lequel il agit, d'établir que cette charge a été payée de ses propres deniers et non des deniers empruntés au banquier. Cette disposition qui introduit en faveur du banquier la présomption que la charge a été acquise des deniers prêtés par lui, n'était du reste que fort juste parce que semblable présomption avait été établie contre lui par une constitution antérieure (L. 27. C. *de l'ing. et hyp.* 8, 14). Le banquier, qui avait reçu de l'argent en dépôt ou à titre de prêt et qui avait acheté une charge pour un de ses parents, était présumé l'avoir achetée avec les sommes déposées ou prêtées; et le prêteur ou le déposant pouvait s'adresser au titulaire de la charge jusqu'à ce que celui-ci ait fait la preuve du contraire. Les banquiers réclamèrent l'abrogation de cette loi; ils ne l'obtinrent pas; mais on fit droit à leurs plaintes, en leur accordant, comme nous venons de le voir, l'existence à leur profit d'une pareille présomption (Nov. 136, c. 2.)

Mais ce qui est plus important, c'est que postérieurement à ces constitutions, Justinien décida que le droit d'hypothèque sur les biens des emprunteurs serait toujours sous-entendu au profit de s*argentarii*; de même que les intérêts peuvent courir sans que le taux soit stipulé, de même l'hypothèque n'a pas besoin d'être expressément réservée; ils ont une hypothèque tacite (Edit. VII, c. 3) et l'on en donne la raison suivante; c'est que « *hypotheca naturaliter argentariorum eorumque qui cum ipsis contrahunt contractus comitantur.* »

Cette hypothèque leur donnait le droit d'agir contre les héritiers et contre les débiteurs de leurs débiteurs; seulement ils ne pouvaient l'opposer qu'aux créanciers postérieurs; mais l'*argentarius* avait un avantage important refusé aux créanciers hypothécaires ordinaires, c'était de pouvoir agir contre ceux qui avaient acheté les biens de son débiteur avant que l'insolvabilité de celui-ci n'eût été constatée par une cession de biens et de poursuivre la vente des biens aliénés en vertu de son droit d'hypothèque. (Edit VII, c. 4.)

Un autre mode de garantie fréquemment employé était le gage. Lorsque ce gage a été aliéné à la suite d'une convention passée avec l'emprunteur qui avait consenti à la vente pour acquittement de sa dette, Justinien décide qu'en cas de contestation sur le prix réalisé, l'*argentarius* doit être cru sur parole, s'il affirme par serment le prix provenant de cette vente (Edit. IX, c. 4). A défaut de paiement au terme convenu, le banquier est autorisé à garder le gage moyennant une estimation convenable, et à en imputer la valeur sur sa créance, tant en capital qu'en intérêts (*ibid.*). Cette estimation est faite *tabulariis præsentibus et æstimatoribus adhibitis.*

L'insolvabilité du créancier n'était pas le seul danger que couraient les *argentarii*; il fallait également les prémunir contre la fraude qui consiste à dissimuler des ressources réelles et à feindre l'insolvabilité. Une personne empruntait de l'argent chez le banquier, et se servait de ces fonds pour acheter des biens au nom de sa femme ou de ses proches parents ; l'hypothèque des *argentarii* se trouvait alors inefficace ; Justinien décida que le banquier qui établirait cette fraude devait être indemnisé complétement de tous ses frais et recouvrer le montant de sa créance (Edit. VII, 7). Une fraude du même genre consistait de la part des emprunteurs à ne pas se faire payer directement par leurs débiteurs; ainsi, s'ils avaient une créance résultant d'une constitution de dot, ils la faisaient toucher par leurs femmes qui en donnaient quittance. Justinien, pour faciliter la preuve de ce détour, contraint les débiteurs du client de l'*argentarius* à lui produire leurs quittances (*ibid.*).

Telles sont les différentes dispositions législatives que nous avons rencontrées, en ce qui concerne le prêt à intérêt pratiqué par les banquiers. Signalons au Code théodosien une loi d'Honorius qui défend aux *collectarii*, et cette dénomination est certainement appliquée ici aux banquiers, de prêter de l'argent à ceux qui veulent s'en servir pour aspirer aux charges de gouverneurs (Godefroy, VI, p. 579). Sur tous les autres points les règles du droit commun étaient applicables aux prêts faits par les *argentarii*.

§ 3. *Des dépôts chez les* argentarii.

Le contrat de dépôt constituait une autre branche des opérations des *argentarii*. Ils se chargeaient de recevoir les capitaux ou les objets précieux dont la sécurité pouvait être compromise dans la maison de leurs propriétaires, soit par une absence prolongée, soit par l'impossibilité d'une vigilance suffisante ou tout autre motif; on les leur confiait à raison de la surveillance nécessaire qu'ils devaient exercer sur leurs *tabernæ*, où s'accumulaient tant de richesses; les temples gardés nuit et jour recevaient de semblables dépôts, mais les comptoirs des *argentarii* furent souvent préférés parce qu'ils ne se contentaient pas de recevoir des dépôts ordinaires et se livraient à l'opération connue sous le nom de dépôt irrégulier, qui pouvait présenter au déposant plus d'avantages que le dépôt ordinaire. Aussi voyons-nous les banques des *argentarii* jouir d'un crédit considérable et recevoir des dépôts d'une grande importance. Cicéron parle en différents endroits d'un dépôt de 2,200,000 sesterces effectué par lui chez des publicains en Asie, et l'on sait que les publicains étaient en même temps des *argentarii*; c'était en cette dernière qualité qu'ils avaient reçu le dépôt de Cicéron (1). Cet exemple peut donner une idée de l'importance que le contrat de dépôt avait acquis dans les banques romaines et de la confiance qu'elles inspiraient. Cujas, qui constate ce crédit dont jouissaient les *argentarii*, remarque malignement que les banquiers de son temps n'avaient pas su mériter une semblable confiance. Le contrat de dépôt semble avoir été soumis en matière de banque aux règles de droit commun, sauf sur un seul point : nous allons rappeler brièvement ces règles en nous réservant d'insister sur la seule dérogation relative aux *argentarii* en cette matière et qui a donné lieu à une question très-controversée entre les interprètes.

(1) Il est plusieurs fois question dans les lettres de Cicéron d'un dépôt de 2,200,000 sesterces (473,000 fr.). Dans une de ses lettres (*Fam* V. 20) il nous apprend qu'un dépôt de cette somme confié aux publicains d'Ephèse lui a été enlevé par Pompée avant la bataille de Pharsale. Dans une autre lettre d'une année postérieure (*ad Att.* XI, 1), il écrit avoir semblable somme déposée chez les publicains d'Asie, en monnaies de ce pays, et il charge Atticus de trouver le moyen par une *permutatio* de faire servir cette somme à l'acquittement des dettes qu'il a à Rome. Constatons que dans une autre lettre (*ad Att.* XI, 2), il éprouve quelques craintes sur la sécurité de ce dépôt entre les mains des publicains d'Asie et en retire la moitié, pour la déposer en Grèce, où il lui semble qu'elle doit *tutius fore*.

Dépôt ordinaire. — Comme dans les temples on déposait dans les comptoirs des *argentarii* des objets précieux ou même de l'argent qu'on enfermait dans des sacs soigneusement fermés et revêtus de sceaux ; on individualisait ainsi les pièces de monnaie à eux confiées. Le dépositaire s'engageait à rendre la chose à la première réquisition du déposant qui avait pour l'y contraindre l'action *depositi* ; il avait en outre une action en revendication, parce qu'il en restait propriétaire, et même possesseur, le dépositaire ne la détenant qu'au nom du déposant. C'est ce qui explique la disposition de la loi 12 au titre *Depositi*, qui, supposant un dépôt fait en Asie pour être rendu à Rome, met les risques du transport à la charge du déposant. Le dépôt est un contrat essentiellement gratuit, mais quand c'est un *argentarius* qui est dépositaire, il est assez naturel de croire que, comme aujourd'hui la Banque de France, le banquier se réservait un droit de garde ; seulement dans ce cas le contrat n'était plus un dépôt, c'était un contrat innomé ou une *locatio operarum*.

Dépôt irrégulier. — Le dépôt irrégulier diffère du dépôt ordinaire en ce que le déposant convient que le dépositaire pourra rendre non la même chose, mais une chose de même nature, qualité et quantité, non les mêmes espèces monnayées, mais une même somme. Ce contrat offre une grande analogie avec le prêt, car comme dans le prêt la propriété est transférée au récepteur, les risques sont à sa charge et l'objet de son obligation de restituer est non la chose même, mais son équivalent ; les jurisconsultes romains décidèrent néanmoins que ce contrat ne constituait pas un *mutuum*, parce qu'il était passé dans l'intérêt du remettant, et qu'il y aurait lieu à l'action *depositi;* c'est un dépôt soumis à des règles particulières, un dépôt irrégulier.

Comme il n'y a pas *mutuum*, ces mêmes jurisconsultes en concluent qu'un simple pacte adjoint à ce contrat est suffisant pour faire courir des intérêts au profit du déposant, parce que l'action *depositi* est une action de bonne foi (L. 24, 26, 29 D. *Depos.* 16, 3); il n'y aura pas besoin de recourir aux formalités de la stipulation; le dépôt irrégulier peut donc constituer un mode de placement. Mais ce pacte d'intérêts, qui en principe ne dénature pas le contrat, produit un effet important, quand le dépositaire est un *argentarius* ou un *nummularius*; il a pour résultat de priver le déposant du privilége spécial accordé à ceux qui déposent de l'argent chez les banquiers et dont il nous reste à parler.

Privilége réservé à ceux qui déposent de l'argent chez les argentarii. — Quand un *argentarius* ou un *nummularius* vient à faire faillite (*foro cedit*), ceux qui ont déposé chez lui de l'argent jouissent d'un privilége sur tous ses biens. Mais la condition à laquelle est soumis ce privilége, c'est qu'il n'y ait pas eu un placement, c'est qu'il y ait eu dépôt irrégulier sans convention d'intérêts; sinon l'opération au point de vue de l'exercice du privilége est réputée constituer un prêt, lors même qu'à l'origine il y a eu véritablement dépôt, et que les intérêts n'ont été servis qu'en vertu d'une convention postérieure, auquel cas le déposant est considéré comme ayant renoncé à son dépôt; la créance naissant du dépôt est assimilée sous ce rapport à celle du *mutuum* qui ne jouit pas de privilége.

Ce privilége n'est pas une hypothèque privilégiée, mais un privilége entre créanciers chirographaires, *privilegium exigendi, privilegium inter personales actiones.* Papinien nous donne la raison de cette faveur : « *Propter necessarium usum argentariorum* ; » c'est, nous dit encore Ulpien, parce que, *Apud mensam, fidem publicam secuti sunt.* »

Mais quel est le rang de ce privilége ? c'est là une question très-délicate à cause de l'antinomie des textes qui y sont relatifs. La loi 24, § 2, D. *de Reb auct. jud. vend.* 42, 5, dit que sur le prix de vente des biens d'un *mensularius*, le privilége du déposant prendra rang immédiatement après les autres priviléges ; mais que si les écus déposés existent encore, on admettra leur revendication, c'est-à-dire qu'ils pourront être prélevés avant l'exercice de tout privilége ; dans ce dernier cas, il ne s'agit plus de notre privilége (1). — La loi 7, § 2, *Depos.* 16, 3, décide qu'en cas de faillite d'un *nummularius*, la préférence est donnée aux deposants qui seront payés sur le prix de vente avant tous les autres privilégiés. La solution est donc complétement contraire dans ces deux lois. La loi 7, § 3, ajoute que tous les déposants privilégiés concourront entre eux, sans suivre

(1) L. 24, § 2, D. 42, 5. In bonis mensularii vendundis, post privilegia potiorem eorum causam esse placuit, qui pecunias apud mensam, fidem publicam secuti, deposuerunt... Si tamen nummi extent, vindicari eos posse puto a depositariis : et futurum eum qui vindicat ante privilegia.

l'ordre des dépôts ; cette décision résulte d'un rescrit (1). Enfin une troisième loi, qu'il importe de rapprocher des deux premières, la loi 8 *Depositi*, porte que ce privilége s'exerce non-seulement sur les sommes provenant de dépôts, mais sur le prix de vente de tous les biens de l'*argentarius fraudator* (3). Tels sont les trois textes relatifs au rang du privilége. Dans le premier, Ulpien assigne au déposant le dernier rang parmi les créanciers privilégiés, tandis que dans le second, le même Ulpien lui reconnaît le premier ; comment concilier Ulpien avec lui-même?

On a voulu d'abord trouver l'explication de l'antinomie constatée en appliquant la première loi au *mensularius* seul, qui serait, dit-on, une sorte d'officier public, la seconde au *nummularius* ou *argentarius* exerçant une industrie privée. Toute cette argumentation repose sur les mots « *fidem publicam secuti* » de la loi 24, qui ne sont guère probants pour établir le caractère officiel qu'on attribue aux *mensularii* ; on voit en eux les successeurs des anciens *mensarii* qui ont exercé une magistrature publique : nous ne reviendrons pas sur cette question déjà tranchée, mais nous nous demanderons comment il se ferait qu'on ait garanti moins efficacement celui qui s'adresse à un fonctionnaire de l'Etat,

(2) L. 7, § 2, D. 16, 3. Quotiens foro cedunt nummularii, solet primo loco ratio haberi depositariorum ; hoc est, eorum qui depositas pecunias habuerunt... Et ante privilegia igitur, si bona venierint, depositariorum ratio habetur.

(3) L. 8, ibid. Quod privilegium exercetur non in ea tantum quantitate, quæ in bonis argentarii ex pecunia deposita reperta est, sed in imnobus fraudatoris facultatibus.

que celui qui dépose ses fonds chez un négociant sans caractère officiel ; ne serait-ce pas évidemment le contraire qui devrait avoir lieu ? Du reste la différence des mots employés a si peu d'importance, que c'est le même mot grec trapézite qui est employé dans la traduction des Basiliques pour désigner le *mensularius* de la loi 24 et le *nummularius* de la loi 7.

D'autres interprètes remarquant le singulier emploi dans la loi 7, § 3, du mot *depositarius*, pour désigner non le dépositaire, mais bien évidemment le déposant, ont cru voir dans cette loi une faveur accordée à un dépositaire, qui aurait à son tour déposé chez un banquier, les fonds à lui confiés ; dans ce cas, son privilége primerait les autres priviléges. Dans la même loi, § 2, on parle également des déposants en disant : « *Qui habent pecunias depositas.* » — Cette singularité d'expression est assez remarquable, mais sans pouvoir l'expliquer, nous repoussons le système appuyé sur cette base. D'abord cette distinction entre deux sortes de déposants n'est pas bien rationnelle, et la position des uns ne semble pas plus digne de faveur que celle des autres.

Quant aux textes, ils ne sont guère probants : la loi 7, § 2, dit bien : « *Depositariorum, hoc est eorum qui pecunias depositas habent;* » mais la même loi, § 3, montre bien que ce mot est pris dans le sens de déposants, car elle dit : « *Quæritur utrum ordo spectetur eorum qui deposuerunt, an vero simul omnium depositariorum ratio habeatur.* » Il ne peut donc pas y avoir de doute sur la portée de l'expression ; nous ne pouvons qu'en signaler la bizarrerie, mais nous n'y trouvons pas l'intention qu'on prétend y trouver.

Quant à supposer qu'il soit question dans la loi 7 des priviléges personnels, qui seraient toujours primés par le privilége du déposant, tandis que dans la loi 24, il serait fait allusion aux priviléges réels, aux hypothèques privilégiées, qui primeraient toujours le privilége du déposant, cette interprétation, si ingénieuse qu'elle soit, nous paraît tout à fait arbitraire et n'est nullement fondée sur les textes. Nous devons adresser le même reproche à une autre opinion qui suppose que la loi 24 ne fait allusion qu'à certains priviléges exceptionnels, tels que celui du fisc ou des frais funéraires qui priment tous les autres, tandis que dans la loi 7 on viserait les autres priviléges; rien ne prouve qu'Ulpien ait songé à cette distinction qu'il aurait pu indiquer.

Quoique adopté par Cujas et suivi après lui par de nombreux auteurs, entre autres Kraut (*de Argentariis*), le système suivant ne nous semble pas préférable : on suppose que dans la loi 7, § 2, il est question du cas prévu par la loi 24, celui où, les écus se retrouvant en nature, il y a lieu à revendication avant tout privilége; cette explication tombe devant le § 3 de cette même loi 7, qui admet un concours entre tous les déposants, il ne peut y avoir concours entre des propriétaires revendiquant chacun leur propre chose.

M. Dietz (thèse de doctorat) propose, avec une grande réserve d'ailleurs, une autre solution : il remarque que tous les textes précédant ou suivant immédiatement les § 1 et 2 de la loi 7 *Depositi* font allusion à une hypothèse de dol ; le banquier est *fraudator* ; la loi 24 *de Reb. auct. jud.*, se trouve placée dans un titre où est réunie la généralité de la matière des priviléges ; il en conclut que le privilége du déposant, ordinairement primé par les autres priviléges, vient exceptionnellement au premier rang lorsqu'il y a, outre la faillite du banquier, fraude ou dol de sa part. — Nous répondrons que la place du texte peut avoir son importance, mais que nous avons de nombreux exemples, dans la compilation de Justinien, d'espèces fort différentes et sans lien entre elles, réunies dans les alinéas d'une même loi. D'ailleurs cette conjecture ne nous semble pas appuyée par des motifs rationnels : pourquoi semblable protection donnée à la victime d'un dol et dont nous ne trouvons aucun exemple analogue ? Sans doute la loi doit la protéger, mais sans oublier qu'elle a quelque chose à se reprocher ; elle s'est laissée tromper ; les tiers qui n'ont pas participé à cette fraude ne doivent pas en souffrir, et, si on la protége, ce ne peut être ainsi à leurs dépens. Enfin il faudrait spécifier quelle sorte de dol ou de fraude serait visée par la loi 7, qui ne fournit aucun élément d'appréciation, et quant au mot *fraudator*, il ne faut pas en exagérer l'importance.

Nous avons tenu à exposer ces nombreux systèmes et à réunir ces diverses opinions ; nous nous rallierons à celle qui est la plus généralement admise, bien qu'elle puisse également soulever des objections, celle de MM. Wangerow et Pellat. — La loi 7, § 2, suppose le cas où l'on a trouvé chez le banquier des sommes provenant de dépôts, mais de divers dépôts, de telle sorte que chacun des déposants ne peut revendiquer ; par une faveur très-raisonnable, on donne au déposant sur cet argent provenant de dépôts au nombre desquels se trouve le sien un privilége passant avant tout autre et naturellement soumis au concours de tous les déposants. — Si au contraire tout est confondu dans la masse des biens du banquier, il y a bien toujours privilége, mais au dernier rang ; la même raison n'existe plus pour leur permettre de primer tous les créanciers privilégiés ; c'est ce cas que prévoit la loi 24 *de Reb. auct jud.* qui parle des priviléges en général, tandis que la loi 7 du titre du dépôt vise le cas où ce privilége s'exerce sur les dépôts trouvés en caisse. — La loi 8 semble contredire cette solution en disant que ce privilége s'exerce sur la masse des biens du failli ; c'est là une objection grave, nous l'avouons, et qu'ont reconnue les partisans de ce système ; on ne peut l'expliquer qu'en supposant que cette loi 8 qui est d'un auteur différent, de Papinien, a été maladroitement rattachée aux précédentes aux moyens des mots : *Quod privilegium,* et que peut-être Papinien avait au commencement de sa phrase fait une distinction retranchée par les compilateurs. Ce ne serait là qu'un nouvel exemple à ajouter à bien d'autres des défauts de la compilation du Digeste. Aussi adopterons-nous cette explication très-rationnelle de l'antinomie constatée entre les deux lois d'Ulpien : Le déposant a un privilége qu'il exercera sur les dépôts trouvés en banque avant tout autre créancier privilégié, et, sur les biens vendus, avant tout créancier chirographaire, mais après les autres créanciers privilégiés.

§ 4 *De l'intervention des* argentarii *dans les paiements. Receptum et pacte de constitut.*

Une des opérations très-fréquentes des banquiers romains est celle qui consiste à intervenir dans les paiements comme intermédiaires entre les créanciers et les débiteurs (1). Ceci s'explique par l'usage très-répandu à Rome de déposer ses fonds chez les *argentarii* et même de leur confier le soin d'opérer les recouvrements; ainsi trouve-t-on souvent dans les *chirographa* la mention *non ex arca sua sed ex mensa scriptura* (L. 26, 1). *de Const pec.*, L. 40 *de Reb. cred.*). Le banquier acquitte les dettes contractées par son client, soit qu'il paie sur les dépôts de ce client dans sa caise, soit qu'il lui fasse ainsi une avance. Quelquefois le banquier payait de suite, soit que les deux parties vinssent ensemble à son comptoir, et que là le débiteur donnât l'ordre de compter l'argent à son créancier, soit que le créancier se présentât seul, porteur d'un ordre écrit du débiteur, d'une *perscriptio* qui constitue un véritable chèque. Enfin il pouvait arriver, qu'au lieu d'effectuer un paiement immédiat, peut-être impossible à cause de la non-exigibilité de la dette, *argentarius* s'engageât seulement à faire ce paiement à un jour déterminé ; le banquier prenait jour pour le paiement. Cet engagement était appelé *receptum*, non pas parce que le banquier

(1) L'on a souvent cité le vers de Plaute : « Ad trapezitam meum... Nam inde rem solvo omnibus quibus debeo. » (*Curculio. in fine*).

recevait ainsi chez lui la dette d'autrui, comme le prétend Cujas, mais parce que *recipiebat diem*, c'est-à-dire qu'il prenait jour pour le paiement. Cet emploi primitif du mot *recipere* dans le sens de s'engager à faire une chose, se retrouve dans Cicéron (*Fam* .V.8).

Le *receptum* est donc un pacte par lequel l'*argentarius* s'oblige à payer à un jour fixé la dette de son client. Ce pacte, contrairement aux règles de droit commun, suffisait pour obliger le banquier et donnait naissance contre lui à une action civile, l'action *receptitia* ; il était obligé par sa convention, sans avoir besoin de recourir aux formes de la *stipulatio*. Justinien parle bien de paroles solennelles (L., 2, *de Const. pec.*); mais cela s'applique non au pacte lui-même, mais à l'action qui en résulte, et Pothier explique ce texte en disant qu'il indique que l'action *receptitia* est une action civile.

Nous savons peu de choses du *receptum* parce que le préteur généralisa ce mode d'engagement spécial aux *argentarii* en établissant le pacte de constitut à l'imitation du *receptum*, et en permettant ainsi à tous les particuliers de s'obliger valablement, par un simple pacte, à payer une dette à un jour fixé : sous Justinien le *receptum* et le *constitut* furent définitivement fondus et il ne subsista plus qu'un pacte de constitut soumis à des règles nouvelles empruntées aux règles du *receptum* et de l'ancien pacte de constitut. Aussi le peu que nous pouvons savoir sur le receptum se trouve-t-il dans la constitution de Justinien, qui apprend quels éléments il a empruntés au *receptum* et quelles règles du pacte de constitut il a conservées. (L. C. *de Pec. const.*) Nous y voyons que le *receptum* fut exclusivement réservé aux banquiers, qu'il donnait naissance à une action civile perpétuelle, qu'il pouvait s'appliquer à des dettes de toute nature et enfin qu'il ne supposait pas nécessairement l'existence d'une dette antérieure au *receptum*. Cette dernière règle s'explique ainsi : une personne sur le point de faire un prêt, et concevant des doutes sur la solvabilité de son emprunteur, exigeait de lui une garantie préalable, consistant dans l'engagement pris par un *argentarius* de payer au jour fixé pour le remboursement ; au moment où cet engagement intervenait, il n'y avait pas encore dette, le banquier *indebitum recipiebat*, mais l'effet du *receptum* demeurait suspendu jusqu'au moment où l'obligation était véritablement contractée. C'est ainsi du reste que l'on voit la fidéjussion intervenir à propos d'une dette encore inexistante. Nous n'en savons pas davantage sur le *receptum*, car tous les textes qui y étaient relatifs ont été soit omis, soit corrigés dans la compilation de Justinien. Comment se réglaient les rapports de l'argentarius et de son client ? L'obligation principale continuait-elle d'exister ? Tous ces points restent incertains. Il est probable que le recours du banquier était couvert par l'action *mandati* ou quelquefois par l'action de gestion d'affaires ; peut-être aussi l'*expensilatio* était-elle employée. — Quant à l'effet produit par le *receptum* sur l'obligation primitive, il nous semble que, quelle que soit la solution donnée à cette question à propos du pacte de constitut, l'obligation primitive devait subsister, à moins qu'il ne soit survenu entre les parties un pacte *de non petendo* auquel cas le créancier principal serait libéré *exceptionis ope*.

Le pacte de constitut créé par le préteur à côté du *receptum*, et à son imitation, en différait d'abord en ce qu'il était à la disposition de tous les particuliers ; en outre il ne pouvait s'appliquer qu'à des dettes de choses fongibles (*quæ pondere numero mensurave constant*) ; il n'était valable qu'à la condition de la préexistence de la dette ; enfin l'action qui en résultait était prétorienne, et dans certains cas non déterminés, annale.

Les *argentarii* à qui était réservé expressément le *receptum* purent-ils également faire des pactes de constitut, comme les autres citoyens, ou ne purent-ils jamais s'engager, avant la loi de Justinien que par la voie du *receptum* ? Il nous semble probable qu'ils purent, après l'innovation du préteur, s'engager aux termes du droit commun à tous les citoyens ; la loi 2 C. *de Pec. const.* nous dit en effet que le *receptum* était tombé en désuétude au temps de Justinien, c'est donc que les *argentarii* pouvaient user du pacte de constitut, et la même loi parle expressément d'*argenti distractores qui indefense constituerunt, secundum morem usque adhuc obtinentem* ». Ces textes nous semblent résoudre la question qui a été controversée.

Justinien abolit définitivement le *receptum*, mais en attachant deux de ses caractères au pacte de constitut. La nouvelle action *de pecunia constituta* put, comme l'action récepticе, s'appliquer à toute espèce de dettes, et devint dans tous les cas perpétuelle, c'est-à-dire prescriptible par trente ans; mais on maintint la nécessité de l'existence d'une dette antérieure. Les *argentarii* furent dès lors nécessairement soumis aux règles de droit commun et nous n'avons pas à insister sur les principes généraux du constitut; seulement, il existait à leur égard une dérogation spéciale à ces principes.

Le banquier, en s'engageant par le constitut à payer la dette d'autrui, ne peut-il pas, lorsqu'il est poursuivi par le créancier, lui opposer le bénéfice de discussion, c'est-à-dire demander que le débiteur principal soit préalablement poursuivi (Nov. 4)?

Le pacte de constitut constituait une véritable fidéjussion (1); aussi, la novelle 4 prend-elle le soin d'y étendre le bénéfice de discussion; la loi 2 au Code ayant supprimé toute différence entre l'action *receptitia* et l'action *de pecunia constituta*, on en pouvait conclure que l'*argentarius* pouvait, comme tout le monde, invoquer le bénéfice de discussion, qui, paraît-il, n'avait jamais été admis dans le *receptum*. Les derniers mots de la novelle prennent soin de prévenir cette interprétation. Les *argentarii* restent sur ce point soumis à l'ancienne règle, c'est-à-dire, à la règle du *receptum*; ils ne peuvent invoquer le bénéfice de discussion. La

(1) Seulement il n'y a pas besoin de stipulation; on peut invoquer des exceptions postérieures au cautionnement, promettre une chose autre que la chose due, et l'on n'est soumis qu'à réduction et non à la nullité, en cas d'engagement *in duriorem causam*; les deux obligations provenant de contrats différents, la poursuite intentée à raison de l'une n'avait pas pour effet de déduire *in judicium* le droit tout entier du créancier. Ce sont les principales différences entre ces deux modes de cautionnement.

raison en est que l'engagement de l'*argentarius* avait été probablement, à cause du crédit dont il jouissait, un motif déterminant du contrat.

Cette disposition plaçait les *argentarii* dans une situation très-désavantageuse, parce que dans le cas où ils avaient une créance garantie par une fidéjussion ou un pacte de constitut, ils pouvaient se voir opposer le bénéfice de discussion, qu'ils ne pouvaient opposer si, à l'inverse, ils avaient par un constitut cautionné la dette d'un tiers. Ils réclamèrent contre ce manque de réciprocité et demandèrent à avoir le droit qu'on pouvait invoquer contre eux. Justinien tint compte de cette réclamation, mais sans faire directement droit à leurs demandes : ils restèrent soumis à la règle de la novelle 4 ; mais pour remédier au défaut de réciprocité, sur lequel ils motivaient leurs plaintes, il les autorisa à exiger des cautions, dont ils acceptaient la garantie, une renonciation au bénéfice de discussion (Nov. 136, *Pr.*, § 1). Mais il ne changea rien à leur position passive.

Justinien dans l'édit IX les garantit contre la mauvaise foi et les chicanes dont ils étaient l'objet de la part des cautions de leurs débiteurs ; il arrivait que celles-ci demandaient à l'*argentarius* une décharge, alors que la dette n'était qu'en partie payée, mais l'était à peu près complètement ; si les autres fidéjusseurs ou leurs héritiers, en cas de mort de ceux-ci, niaient leur obligation, le banquier pouvait être victime de sa remise imprudente. Justinien (édit IX, c. 3) ne voulut pas qu'il ait à souffrir d'un acte fait dans l'intérêt des fidéjusseurs et lui accorde la faveur importante de se retourner en pareil cas contre les fidéjusseurs qu'il avait déchargés, pour le reliquat et même pour les intérêts.

Le pacte de constitut servait donc aux banquiers à cautionner la dette de leurs débiteurs, bien que ce ne fut pas le but primitif de son institution, qui était, nous l'avons dit, d'employer les fonds déposés chez eux par leurs clients, ou qu'ils avaient reçus pour leur compte, à l'acquittement de leurs dettes. Le pacte de constitut généralisé et permis aux particuliers cessa d'avoir ce caractère pour devenir plus spécialement un mode de cautionnement ; c'est ce qui constitue sa principale utilité et il acquit ce même caractère en banque. Cela n'empêchait pas néanmoins les banquiers de recourir à d'autres procédés, et ils se portaient également *fidejussores* ou *sponsores*. Nous n'avons rien de particulier à signaler sur ce point, si ce n'est une disposition de l'édit IX de Justinien.

Les *argentarii* se plaignaient de ce que leurs clients, pour lesquels ils se portaient *sponsores* sans écrit et sans autre garantie que leur bonne foi, refusaient ensuite lorsque le paiement était fait, de les rembourser et niaient la *sponsio*, ou bien exigeaient la preuve du paiement fait par le banquier, ce qui donnait naissance à une masse d'embarras, de procès et de vexations. Justinien décida pour y mettre un terme que les *argentarii* ne seraient tenus de se porter *sponsores* que sur un mandat écrit et précis ; et qu'ils pourraient deux mois après le paiement effectué, en demander le remboursement, sans avoir à faire la preuve de leur versement. Si, par un excès de zèle, ils se sont constitués *sponsores* sans mandat écrit pour un certain temps, ils pourront deux mois après l'expiration de ce temps, si aucune réclamation ne s'est élevée, exiger le remboursement de leurs avances qui sont tenues pour bien et dûment faites, sans qu'ils aient à en faire la preuve (édit IX, c. 1).

§ 5. *Attributions des* argentarii *étrangères à la banque.*

Les *argentarii* n'étaient pas seulement des banquiers; ils avaient en outre certaines attributions qui appartiennent aujourd'hui aux notaires, aux commissaires-priseurs ou aux courtiers.

Ils étaient chargés des ventes aux enchères; ces ventes avaient lieu dans le Forum, devant un temple pour les immeubles, et pour les meubles sous des portiques à ce destinés (Cic., *pro Cæcin.*, 6; Quintil. XI, 2) L'*argentarius*, devant qui se suivaient les enchères, inscrivait les prix sur un registre appelé *auctionariæ tabulæ* ou *auctionalia*. La vente faite, c'était le banquier qui se chargeait du recouvrement de ces prix et qui les remettait ensuite au vendeur; on stipulait de l'*argentarius*, le prix atteint par les enchères (88, *de Solut.* 46, 3). Le plus souvent la vente était faite au comptant (Gaïus, IV, § 126), et alors le banquier avertissait les enchérisseurs que la livraison ne serait effectuée qu'après paiement du prix; si l'acheteur actionné avant cette livraison venait à opposer l'exception *rei venditæ nec traditæ*, l'*argentarius* avait la réplique : *nisi prædictum sit, ne aliter res emptori traderetur, quam si pretium emptor solverit*. Remarquons aussi que si la vente a été faite dans ces conditions, l'*argentarius* est responsable, vis-à-vis du vendeur, d'une livraison anticipée suivie de l'insolvabilité de l'acheteur.

C'étaient des employés subalternes appelés *coactores* qui se chargeaient de ces recouvrements des prix et en général de tous les recouvrements qu'avaient à faire les banquiers ; ces *coactores* se servaient eux-mêmes d'esclaves qui tenaient chacun un compte particulier où ils portaient leurs recettes et qu'on apurait quand ils avaient fait rentrer toutes les sommes qu'ils étaient chargés de recouvrer. C'est ainsi que dans un texte nous voyons un *argentarius coactor* léguer la liberté à ses esclaves employés comme *actores*, si au bout d'un délai fixé, ils ont mis leurs comptes au pair, *si paria fecerint* (L. 40, § 8, *de Statulib.*, 40, 7).

Les *argentarii* vendaient ainsi les hérédités ; si l'*argentarius* après avoir touché le prix de vente s'était enfui avec les fonds, la perte était non pour l'acheteur, mais pour le vendeur qui avait eu tort de le choisir, ce point n'est pas contestable ; mais si dans le cas de la vente aux enchères d'une hérédité, le vendeur n'était que l'héritier apparent, ce vendeur sera-t-il tenu, vis-à-vis de l'héritier véritable, du prix de vente qui a été emporté par l'*argentarius* infidèle ? Labéon l'affirmait en considération de la responsabilité résultant pour lui de son mauvais choix ; un autre jurisconsulte, Octavénus, disait au contraire qu'il en serait déchargé en cédant à l'héritier véritable son action contre l'*argentarius* ; enfin, Ulpien tranche la question pour ou contre l'héritier apparent suivant qu'il est de bonne ou de mauvaise foi (L. 8, *de Hered. pet.*, 5, 3).

Les *argentarii* se rapprochent encore des notaires au point de vue de la force probante attachée à leurs registres et sur laquelle nous reviendrons dans le chapitre suivant. Toutes les opérations constatées par ces registres recevaient une sorte d'authenticité analogue à celle qui est attachée aux minutes des notaires ; on considérait comme des témoins publics, ces *argentarii* par l'intermédiaire desquels se traitaient les affaires de tout genre donnant naissance à des mouvements de capitaux. Mais là se borne, croyons-nous, l'analogie entre ces deux professions : l'on a prétendu que les *argentarii* en portant sur leurs registres la mention de l'opération intervenue délivraient, en outre, aux parties, des *instrumenta* qui seraient comparables aux grosses et expéditions notariées, comme les registres le sont aux minutes ; cela est possible, mais le texte de Cicéron (1), qu'on invoque à l'appui de cette opinion, n'est pas suffisamment probant : les *tabulæ* dont il y est question semblent plutôt être le *codex rationum* lui-même qu'un acte spécial. Du reste, à l'époque de Justinien existaient déjà les *tabularii* investis d'un caractère public, et si jamais le rôle des *argentarii* a été tel, il était devenu sans importance et sans nécessité.

(1) Godefroid, l. VI, p. 2, l. III, p. 202. Saumaise, *de Usuris*, 47, p. 304. Symmaque, *lettre* 42, l. 10.

Les *argentarii* remplissaient encore une autre fonction, celle de courtiers ; l'on comprend aisément que se chargeant des ventes, ils fussent même chargés de rechercher les marchés à faire et de nouer les négociations; de là leur rôle de *proxenetæ* ou courtiers. On concluait par leur intermédiaire des ventes d'immeubles et de meubles; Plaute nous montre l'intervention d'un *argentarius* dans la vente d'une esclave. La commission qu'ils percevaient constituait une nouvelle source de bénéfices et souvent en même temps cette vente donnait lieu à des avances productives qu'ils faisaient à l'acheteur.

Au Bas-Empire les banquiers sont encore chargés d'acheter à la Monnaie impériale les pièces nouvellement frappées et de les faire entrer dans la circulation en vendant les pièces nouvelles (*solidorum venditio*); sous Valentinien III ils réclament le droit d'augmenter le cours *taxatio*); cette même opération, sur laquelle nous avons peu de détails intéressants, est mentionnée également dans une novelle de Théodose. Quant au taux de cett axatio, il avait été imposé sous Gratien.

Un passage de Cicéron (*pro Flacco*, 17, 19) semblerait indiquer qu'on confiait aux *argentarii* la perception des impôts pour le compte de l'État : nous ne pensons pas qu'il y ait là une attribution ordinaire des *argentarii* ; il est sans doute fait allusion aux publicains qui, comme nous le savons, se livraient à la banque.

Nous avons parcouru successivement les différentes opérations de banque auxquelles se livraient les *argentarii* et les attributions qu'ils joignaient à l'exercice de leur profession. L'étude des registres de ces banquiers complètera naturellement l'étude de ces opérations; et ce sera l'objet de notre chapitre suivant; nous voulons auparavant indiquer quelles étaient de ces opérations et de ces attributions celles qui étaient plus spécialement réservées aux *argentarii* ou aux *nummularii*. Les *nummularii* semblent plus spécialement s'occuper du change des monnaies, de la *solidorum venditio*, de la vérification des monnaies et de l'essayage des métaux. Les *argentarii* seuls sont chargés de la vente aux enchères. Quant aux autres opérations, prêt, dépôt, cautionnement, courtage, les *nummularii* et les *argentarii* s'y livrent également; mais ces derniers seuls possèdent des *tabernæ* et forment une corporation ayant des règles et des conditions d'existence particulières.

CHAPITRE III

DES COMPTES ET DES REGISTRES DES ARGENTARII.

§ 1. *De la tenue des registres.*

C'était l'usage à Rome que chaque citoyen tînt un registre ou *codex*, sur lequel il inscrivait toutes les opérations et tous les faits de nature à modifier la consistance de son patrimoine. Cicéron, dans plusieurs passages bien connus et souvent cités, nous donne une idée de l'exactitude avec laquelle ils étaient tenus et du crédit qui y était attaché; c'était un registre de caisse, un livre de recettes et dépenses, *codex expensi et accepti*. Ces registres étaient mis au courant tous les mois ou tous les deux mois, au moyen de notes recueillies chaque jour sur les *adversaria*, qui étaient un véritable livre-brouillon, et reportées ensuite sur le *codex*.

L'on comprend que ces registres utiles à tous les citoyens étaient indispensables aux *argentarii*, qui eurent également les *adversaria*, et un *codex expensi et accepti* qui même ne devait plus être réglé seulement tous les mois, mais sans doute à intervalles plus rapprochés. Le *codex expensi et accepti* comprenait deux colonnes ou *paginæ* (Plin. *Hist. nat.* II, 7); l'une d'elles était consacrée aux recettes, à l'*acceptum*, l'autre aux dépenses, à l'*expensum* : tout ce qui avait été payé par le banquier, toutes les dettes qu'il avait été chargé d'acquitter, les dépôts irréguliers qu'il avait restitués, les sommes qu'il avait avancées, les remboursements qu'il avait faits, en un mot tout ce qui était sorti de sa caisse, tout cela formait l'*expensum*; à l'inverse tout ce qu'il recevait soit pour son compte, soit pour celui de ses clients, les placements qu'on lui confiait, les dépôts irréguliers dont il se chargeait, en un mot tout ce qui entrait dans la caisse formait la colonne de l'*acceptum*. Pour savoir quel était à un moment donné l'état de la *mensa argentaria*, on n'avait qu'à comparer ces deux colonnes, et la balance obtenue devait, si le registre était bien tenu, donner immédiatement le total des fonds en caisse (1).

Mais outre ce livre il en existait un autre, le *codex ra-*

(1) *Beatus sum subduxi ratiunculam,*
Quantum æris mihi sit quantumque alieni siet.
(Plaute, *Curcul.* III, 1, 1).

tionum ou grand-livre, qui permettait au banquier de savoir à tous les instants, non plus quelle était la situation générale de la banque, mais quelle était vis-à-vis de la *mensa* celle de chacun de ses clients en particulier. Sur ce registre on reportait les opérations déjà inscrites au *codex expensi et accepti*, au compte spécial de chaque client. L'existence de ce registre d'ailleurs indispensable nous est signalée au Digeste dans le titre *de Edendo;* dans ce titre, où il est question de la production en justice des registres des banquiers, il est facile de voir que partout on ne fait allusion qu'aux *rationes*, qu'à un *codex rationum* et non pas au *codex expensi et accepti ;* du reste dans un de ses édits, l'édit VII, c. 2, Justinien suppose que des personnes d'un rang élevé, peu désireuses d'avoir leurs noms inscrits sur des registres qui pouvaient être livrés au public, demandent aux *argentarii* de les y être omettre; on comprend cette omission sur un grand-livre, mais on ne peut la concevoir sur un livre de caisse, car il serait impossible aux banquiers de savoir quelle est la situation de leurs maisons.

Chaque compte particulier était également divisé en deux colonnes, l'une de recettes, l'autre de dépenses; la comparaison des deux totaux permettait de dresser la *ratio* de chacun des clients. Ulpien nous donne d'après Labéon une définition de ce que l'on entend par ce mot : « *Rationem autem esse Labeo ait, ultro citro dandi, accipiendi, credendi, obligandi, solvendi sui causâ negotiationem; nec ullam rationem nudâ duntaxat solutione debiti incipere; nec si pignus acceperit aut mandatum compellendum edere : hoc enim extra rationem esse, et, quod solvi constituit argentarius edere debet, nam et hoc ex argentariâ venit* (1). » Il résulte de cette loi un peu obscure que la *ratio argentaria* doit réunir deux caractères : le concours de plusieurs obligations réciproques nées entre, le banquier et son client est d'abord nécessaire, et une seule opération isolée ne constitue pas un compte ; il faut en second lieu qu'il s'agisse d'opérations de l'*argentaria*. Le texte ne veut pas dire que la remise d'un gage, et l'acceptation d'un mandat ne constitueront jamais un élément de la *ratio ;* mais seulement que des opérations de ce genre, comme toute autre opération, n'y entrent pas quand elles sont isolées ou qu'elles n'intéressent pas la banque ; ceci ressort suffisamment du mot *nuda solutio* et de ces autres, *nam et hoc ex argentariâ venit.*

Lorsque le banquier et son client voulaient cesser leurs relations ou du moins régler leur compte, le banquier envoyait à ce client la balance de ce compte et la loi 47, § 1, *de Pactis* nous donne une formule de cet envoi : « *Ex ratione mensæ quam mecum habuisti in hunc diem ex contractibus plurimis, remanserunt apud me ad mensam meam trecenta octoginta sex et usuræ quæ competierint. Summam aureorum quam apud me tantam habes, refundam tibi ; si quod instrumentum a te emissum, id est, scriptum, cujus cumque summæ, ex quâcumque causâ, apud me remansit, vanum et pro cancellato habebitur.* » Lorsque le banquier créancier en vertu du compte poursuivait son client en paiement, il devait même faire sous peine de déchéance cette balance et

(1) L. 6, § 3, *de Edendo*.

faire une compensation, sur laquelle nous reviendrons à la fin de ce chapitre.

Notons ici deux avantages particuliers de procédure que nous trouvons dans les constitutions de Justinien (Edit VII, C. 5 et 6). Lorsque l'*argentarius* réclame le règlement de son compte devant la justice, en se soumettant par une stipulation à la peine du 10ᵉ dans le cas où la poursuite aurait été dirigée à tort, il est dispensé de fournir des fidéjusseurs pour ce 10ᵉ et on s'en rapporte à sa bonne foi avec d'autant plus de confiance que tous les jours on l'accepte lui-même comme fidéjusseur.

On déroge en outre en faveur des *argentarii* au principe : *Actor sequitur forum rei;* pour les règlements de comptes comme pour toute autre affaire, Justinien en considération de la multiplicité de leurs affaires et du nombre de leurs clients dispersés, les dispense de la nécessité d'agir devant les tribunaux du domicile de chacun d'eux, et il institue pour tous les procès où peuvent se trouver engagés les banquiers, soit comme défendeurs, soit comme demandeurs, un tribunal exceptionnel.

§ 2. *Des effets attachés aux écritures des registres.*

Les énonciations portées sur les *codices* des *argentarii* constituent d'abord un moyen de preuve des obligations nées des opérations qu'elles constatent ; elles peuvent en outre avoir un effet bien plus important, celui de faire naître par elles-mêmes une obligation. Nous allons successivement examiner ces deux effets des écritures des registres.

Les *codices argentariorum* sont d'abord un moyen de preuve ; ils servent à prouver l'existence des contrats qu'ils énoncent (1). Entre les tiers ils font preuve complète (Aulu-Gelle, XIV, 2. — Cic., *pro Cœcin.*, 6. — L. 27, § 1, D. *de Furt.* — L. 9, § 2, *de Edendo*). — Contre le banquier lui-même, il ne faut pas douter non plus qu'ils ne fassent également preuve complète, puisque la loi 13 au Code, *de non Numer. pec.* attache cet effet à toutes les écritures privées. — Mais ces mêmes livres font-ils preuve en sa faveur ? La question est plus douteuse, parce que cet effet est refusé en général aux écritures privées émanant de la partie même qui les invoque (L. 5, 6, 7, C., *de Prob.*) et que les textes qui attribuent aux registres des banquiers une pleine foi, ne parlent toujours que d'une contestation entre des tiers ; la négative semble donc devoir être admise ; cependant certains auteurs, Saumaise entre autres (*de Fœnore trapezitico*, p. 14 et suiv.) sont d'avis qu'à raison du caractère particulier, en quelque sorte public, de ces livres, les *codices argentariorum* peuvent faire preuve complète même en faveur des *argentarii* qui les ont tenus ; mais c'est là une conjecture qui ne repose sur aucun texte.

Il est du moins certain que sous Justinien, il n'ont plus cet effet, à supposer qu'ils l'aient jamais eu ; car

(1) Les registres des commis de banque sont également un élément de preuve ; Justinien le dit expressément dans son édit IX, c. 2 ; il appelle ces commis *Samaritani*.

dans la novelle 136, c. 6 on exige d'eux pour pouvoir repousser victorieusement l'exception *non numeratæ pecuniæ*, la production d'un écrit, d'un *instrumentum* émanant de l'adversaire, ou du moins son approbation signée portée sur les registres; les banquiers à défaut de pouvoir présenter un semblable moyen de preuve, n'ont que l'unique ressource de déférer le serment (Edit VII, 1.) — Ceci du reste ne prouve rien quant au droit antérieur, car on comprendrait très-bien que les *codices* après avoir fait preuve en faveur de celui qui les tenait, alors que tout le monde en avait de semblables, aient cessé d'avoir cet effet, pour les *argentarii*, quand l'usage des *codices* privés ayant disparu, leurs adversaires se voyaient privés du droit de réciprocité qu'ils pouvaient avoir.

Nous avons dit qu'en second lieu les écritures des *codices* pouvaient avoir pour effet d'engendrer par elles-mêmes des obligations; elles pouvaient constituer un contrat *litteris*. Nous n'avons pas ici à entrer dans tous détails de cette matière qui n'offre point de particularités à l'égard des *argentarii* qui font l'objet spécial de notre étude; mais nous ne pouvons nous dispenser d'en dire quelques mots, afin de montrer le parti qu'ils en pouvaient tirer; d'ailleurs les *codices argentariorum* ayant survécu à la disparition des *codices privati*, le contrat *litteris* se retrouvait en banque, alors qu'il avait cessé d'être usité en droit commun.

Le contrat *litteris* des Romains consistait dans une inscription portée sur un *codex expensi et accepti*, celui qu'avaient tous les anciens Romains. Sur ce registre, nous le savons, on mentionne toutes les opérations qui ont modifié le patrimoine de celui qui le tient, ses recettes et ses dépenses; comment une telle mention peut-elle par elle-même engendrer une obligation nouvelle par la force de l'écriture? Si l'on inscrit au compte une somme versée à titre de prêt, ce n'est pas cette inscription, mais bien la dation qu'elle constate qui engendre l'obligation; Gaius le dit expressément : c'est un *arcarium nomen*, une créance résultant non de l'écriture, mais d'une opération de caisse, du décaissement. Cela se comprend facilement, car cette inscription n'est pas, comme une stipulation, un fait volontaire, mais bien une conséquence obligatoire et forcée d'une comptabilité bien tenue. Ce que nous disons du prêt peut s'appliquer à toutes les autres opérations qui peuvent être portées aux registres; la cause de l'obligation est cette opération même, la *datio* qui est constatée; nous n'avons pas là de contrat *litteris*.

Il y a contrat *litteris*, dit Gaïus, lorsqu'il y a *transcriptio a re in personam*, ou *transcriptio a personâ in personam*, ou enfin, mais cela est propre aux pérégrins, lorsque dans les *chirographa* ou les *syngraphœ* ces pérégrins écrivent qu'ils doivent ou paieront une certaine somme. Encore dans ce dernier cas n'y a-t-il pas une véritable obligation littérale « *litterarum obligatio fieri videtur* ». Reprenons les deux premiers cas.

1° Il y a *transcriptio a re in personam*, si par exemple étant votre créancier pour une certaine somme, en vertu d'un contrat quelconque, soit d'une vente, soit d'une location, j'inscris cette somme sur mon registre comme vous l'ayant prêtée. Pour que l'on puisse ainsi porter aux écritures une dation fictive qui n'a pas eu réellement lieu, il faut que cette énonciation fausse et mensongère soit corrigée par une inscription semblable à l'*acceptum*, sinon la balance du compte serait altérée; c'est ce que l'on faisait en portant aux recettes le paiement fictif de l'obligation primitive. La nouvelle obligation résultant d'une *datio* fictive constitue une véritable obligation littérale, une obligation qui résulte seulement des écritures. Voici comment une mention du *codex* peut par elle-même engendrer une obligation. La créance est alors appelée *nomen transcriptitium*, parce qu'elle ne résulte plus d'une opération de caisse (*nomen arcarium*) mais d'une opération d'écriture (*transcriptio*).

L'on peut concevoir facilement le parti que pouvaient en tirer les *argentarii* : le *codex* peut devenir un véritable compte courant, et cette substitution par l'écriture d'une nouvelle obligation à la première rappelle tout à fait la passation des créances en compte courant; cela permettait en outre à des personnes éloignées l'une de l'autre et qui ne pouvaient employer les formes de la stipulation, de remplacer des obligations quelconques, par l'obligation stricte et précise qui résulte du *mutuum* et est garantie par une *condictio*.

2° Il y a *transcriptio a personâ in personam* si, par exemple, étant créancier de Titius pour une certaine somme, j'inscris sur mon livre cette somme comme l'ayant prêtée à une autre personne, soit Seius, que me délègue ainsi Titius. Ici encore il y aura double inscription sur mon *codex;* je porterai à l'*acceptum* ce que me doit Titius, qui est censé m'avoir payé et est libéré de son obligation, et à l'*expensum* j'inscrirai cette même somme, comme l'ayant prêtée à Seius. Ma créance sur Seius ne résulte pas d'une *datio* à lui faite par moi, elle résulte de cette opération d'écriture, de la *transcriptio.* Ceci n'est qu'un exemple et l'on peut supposer que Titius ne soit pas mon débiteur et me délègue sa créance sur Seius, au lieu d'un paiement fictif ce sera un prêt fictif à moi fait par Titius, suivi d'un prêt également fictif par moi fait à Seius; de même on peut supposer qu'il n'existe aucune créance antérieure de Titius contre Seius; il lui donne l'ordre de s'obliger envers moi. On peut supposer que nous sommes tous débiteurs les uns des autres, que Titius me doit 100, que moi je dois 100 à Seius et que Seius doit 100 à Titius; la *transcriptio* éteindra ces trois dettes par une simple passation d'écritures, sans transport de numéraire. L'on voit de suite le parti que pouvaient surtout en tirer les banquiers qui ont des comptes ouverts avec tous leurs clients, qui sont chargés de payer leurs dettes et de recevoir ce qui leur est dû; au moyen d'une *transcriptio a personâ in personam* ils pratiquaient l'opération connue aujourd'hui sous le nom de virement de crédit ou de parties; on pouvait encore ainsi faire circuler et transférer les créances et éviter des déplacements de numéraire qui à cette époque étaient exposés à plus de risques et de périls que de nos jours.

Le contrat *litteris*, dont ces deux *nomina transcriptitia* nous semblent avoir été les seules applications en droit civil, consiste, comme on le voit, non pas dans une seule inscription (une *expensilatio*), mais en deux inscriptions corrélatives (une *acceptilatio* et une *expensilatio*) qui se faisant contre-poids maintiennent en équilibre la balance des comptes (M. Gide. *Observations sur le contrat litteris;* MM. Savigny et Keller, ouvrages cités par M. Gide). Le cadre restreint de notre sujet ne nous permet pas de développer cette théorie, que nous adoptons pleinement; après avoir vu l'emploi fait par les *argentarii* du contrat, il nous reste à expliquer sa disparition.

On peut remarquer que le pacte de constitut dans ses deux formes (*constitutum debiti proprii — constitutum debiti alieni*) réalise les effets des deux sortes de *transcriptio* dont nous parle Gaïus; on comprend donc que l'on ait renoncé à cette *transcriptio* solennelle, lorsqu'on a pu par le simple consentement, par un pacte, obtenir les mêmes résultats; le pacte de constitut peut se conclure entre absents et il est garanti par une action énergique à laquelle se joint une *sponsio pœnalis*. On alla même plus loin encore et on attribua à la simple convention les mêmes effets que la *transcriptio;* la loi 15 *de Reb. cred.*, D. XII, 1, nous dit en effet qu'on peut convenir de tranformer une dette quelconque en une dette de prêt et on explique cette métamorphose également par une double tradition fictive, mais qui n'a plus besoin d'être inscrite sur un registre pour produire son effet.

On prétend pourtant qu'il existe encore sous Justinien une véritable obligation littérale dans les *chirographa* et *syngraphæ;* sans doute pendant le temps où l'on se trouve encore dans les délais assignés à l'exception *non numeratæ pecuniæ*, le débiteur, qui a cette exception, est obligé en vertu du prêt, et le *chirographum* ou la *syngrapha* n'est pas la cause, mais simplement la constatation de la cause de l'obligation; mais, dit-on, au bout de ce délai le débiteur n'a plus cette exception; il est obligé alors même qu'il n'y a pas *datio*, qu'il n'y a pas prêt; la cause de son obligation est le *chirographum* ou la *syngrapha*. Nous répondrons d'abord que même chez les pérégrins, chez qui seuls ces actes étaient d'abord employés, il n'y avait pas là un véritable contrat *litteris* « *litterarum obligatio fieri videtur*, » dit Gaïus : il n'y a là que des écrits servant de preuve : l'obligation résulte de la convention même; lorsque l'usage s'en répandit à Rome, nous voyons partout ces actes indiqués également dans les textes, comme constituant un mode de preuve (*cautio*), et si l'expiration d'un délai enlève au débiteur l'exception *non numeratæ pecuniæ*, c'est que le silence de ce débiteur est une sorte d'aveu tacite qui corrobore l'écrit; le prêt est alors légalement présumé et l'obligation n'est pas une obligation *litteris*, mais une obligation *ex mutuo*. On fait encore une objection : si c'est le prêt qui est la cause de l'obligation, comment se fait-il qu'on donne le nom d'*exceptio* à la négation même du prêt? On a répondu, d'une part, qu'au Bas-Empire le mot d'*exceptio* a perdu son sens précis et primitif; il désigne un bénéfice, un privilége; dans l'espèce le privilége consiste à dispenser le débiteur, encore dans le délai fixé, à toute espèce de preuve; d'autre part le prêt revêtait souvent la forme d'une stipulation et les *chirographa* constatant des prêts se terminaient par cette clause de style : *spopondit, promisit* » ; et on comprend alors que la négation du prêt puisse se présenter sous la forme d'une *exceptio non numeratæ pecuniæ*.

Enfin on invoque le passage des Institutes qui dit que, sous Justinien, le contrat *litteris* existe puisque le souscripteur d'un *chirographum* qui se reconnaît débiteur d'une somme qui ne lui a pas été réellement comptée, ne peut opposer l'*exceptio non numeratæ pecuniæ*; nous avons déjà dit comment cette déchéance peut s'expliquer autrement; quant à ce qu'ajoute Justinien, « *sic fit ut hodie scriptura obligatur*, » il faut remarquer que les Institutes ne sont pas simplement un recueil de lois positives, mais un ouvrage d'enseignement; ce rapprochement qu'on opère entre l'ancienne obligation littérale et l'obligation résultant de cette reconnaissance de prêt devenue indéniable, c'est une considération théorique et qui, bien qu'émanée du législateur, ne peut avoir d'autorité qu'autant qu'elle est fondée au point de vue rationnel; or il est certain que pendant un certain délai, celui pendant lequel l'exception peut être opposée, l'écriture n'a qu'une force probante ; et que la cause de l'obligation est le contrat, constaté par l'écrit; on ne peut admettre que l'expiration du délai change le caractère primitif de l'opération, change la cause de l'obligation; elle n'est, comme nous le disions, qu'un élément de présomption de la réalité du prêt, tiré de l'aveu tacite qui résulte du silence du débiteur. (M. Gide, *loc., cit.* p. 34 et suiv.)

Nous pensons donc que sous Justinien le contrat *litteris* a complétement disparu et que les écritures des banquiers, comme celles de tous les particuliers, n'ont plus qu'un seul effet, celui de prouver les obligations qu'elles constatent ; elles n'engendrent plus par elles-mêmes d'obligations.

§ 3. *De la production des registres des* argentarii *en justice.*

Nous avons dit que les registres des *argentarii* faisaient pleine foi de leur contenu à l'égard des tiers ; aussi le préteur avait-il dans un chef spécial de l'édit, imposé aux *argentarii* l'obligation de communiquer les comptes de leurs clients, lorsque ceux-ci étant en procès avec des tiers avaient besoin de ces comptes pour faire la preuve qu'ils avaient à faire; chaque client a le droit, quand il a besoin de la production de son compte, dans un procès où l'*argentarius* n'est pourtant pas engagé, de requérir la communication des livres où ce compte est établi, c'est ce que l'on appelle l'*editio rationum* qui fait l'objet du titre du Digeste *de Edendo*. Ce droit, fait observer Ulpien, est très-équitable : le compte, dressé à cause de moi, constitue pour moi un véritable titre.

I. *Qui doit* edere rationes ? — Cette obligation n'est pas seulement imposée aux *argentarii* ; Gaïus nous dit que les *nummularii* sont également tenus à l'*editio rationum*, bien que l'édit du préteur ne les ait pas désignés ; car ils remplissent les mêmes fonctions, se livrent aux mêmes opérations et tiennent également des comptes, pour chacun de leurs clients.

Même après avoir cessé d'exercer la banque, le banquier peut encore être tenu de cette obligation (L. 4, § 4, *n. t.*); ses héritiers mêmes succédant à ses obligations doivent produire les registres qu'ils ont entre les mains; mais ce n'est pas le fait même de la détention des registres, c'est leur qualité d'héritiers, qui les soumet à l'*editio rationum*; car un légataire, qui aurait reçu ces livres à titre de legs, ne serait pas tenu de cette obligation, pas plus, nous dit Paul, que si l'*argentarius* les lui eût donnés de son vivant (L. 9, § 1. *n. t.*), mais il est bien évident que l'obligation du successeur universel n'existe qu'autant qu'il a les registres entre les mains, car il ne peut être tenu à l'impossible. Il peut arriver cependant, qu'en cas de legs de ces livres de banque, l'héritier soit responsable, si avant leur remise au légataire le client a signifié à l'héritier qu'il ait à ne pas s'en dessaisir avant leur production; s'il passe outre, il devient responsable « *quia dolo malo desiit possidere* ». S'il a été de bonne foi en opérant cette remise, il n'est pas responsable, mais la signification aura cet effet très important d'autoriser le client à demander au légataire la production des livres, *causâ cognitâ*; cette signification assure donc au client qui l'a faite, soit la responsabilité de l'héritier, soit la production des livres, *causâ cognitâ* par le légataire. (L. 9, § 1, *n t.*)

Si la banque est gérée par un fils de famille ou par un esclave, ces personnes *alieni juris* sont obligées à produire leurs livres; quant à la personne *sui juris* dont elles dépendent, elle ne l'est qu'à la double condition d'avoir eu connaissance de la gestion du fils de famille ou de l'esclave, et d'en avoir tiré bénéfice. Sinon elle n'aura qu'à affirmer par serment qu'elle n'a entre les mains aucun compte. Si la banque a été exercée avec l'argent du pécule de l'esclave, le maître, à moins qu'il n'ait les livres, n'est tenu que *de peculio* ou *de in rem verso.*

II *A qui est due l'*editio rationum ? — La production est due à celui que le compte intéresse, « *adquem ratio pertinet.* » La loi 6 § 5, *h. t.* exige que l'affaire portée au compte pour laquelle on en demande la production, soit une affaire conclue par le banquier sur le mandat spécial et exprès du client qui demande la représentation du compte ; mais il ne faut pas exagérer la portée de cette loi, qui compare le cas où l'affaire a été contractée sur le mandat du client et celui où le banquier a agi sur un mandat émané, non du client, mais du chargé d'affaires de celui-ci; mais on ne veut pas dire que l'existence d'un mandat soit nécessaire; partout ailleurs, en effet, nous voyons qu'il suffit que l'affaire soit une affaire concernant le client ; la loi 4, § 1 *h. t.* dit très-généralement que ce qu'un banquier a fait pour nous « *mei causâ* » constitue un titre en notre faveur ; la loi 9 pr. dit aussi qu'un compte nous concerne, quand le contractant est une personne en notre puissance ; il n'est pas question de mandat. Toute personne ayant un compte chez un banquier peut donc demander la communication des livres.

Mais il se peut que le préteur ne l'impose à l'*argentarius* qu'après une enquête préalable sur la nécessité de cette production et la justice de cette demande, et qu'il ne la permette que *causâ cognitâ* ; ainsi après une première communication, on n'oblige le banquier à en faire une seconde, qu'autant que celui qui la demande en établit la nécessité, soit parce que la première copie a été insuffisante, soit qu'elle ait été perdue par suite d'un cas fortuit, sans négligence de la part de celui qui l'avait. Si c'est un *argentarius* qui réclame d'un autre *argentarius* la communication d'un compte le concernant, l'*editio* n'est également accordée que *causâ cognitâ*, parce qu'il doit avoir lui-même son registre régulièrement tenu.

Dans tous les cas, les banquier a le droit d'exiger de celui qui réclame la production d'un compte la déclaration sous serment que cette production est nécessaire et n'est pas demandée par esprit de chicane. (L. 6, § 2, n. t.)

III. *Comment et où doit être faite* l'editio rationum ? — La communication d'un registre de banque peut avoir de grands inconvénients pour le banquier en révélant l'état de ses affaires, la nature de ses opérations et le caractère de ses relations ; aussi celui qui en reçoit la communication, doit se borner à consulter les pages dont il a besoin ; suivant les cas, l'*editio* consistera dans la production des registres, ou dans la permission d'en copier un extrait, ou même dans la délivrance d'une copie faite par le banquier (L. 6, § 7. *n. t.*). Mais le compte devra être complet et produit tout entier depuis son ouverture avec la date de cette ouverture.

L'*editio* est faite là où le banquier exerce ; si ses registres ont été envoyés au loin, dans les provinces, ce transport est considéré comme dolosif et le banquier pourra être contraint de les rapporter au siége de la banque; s'ils sont simplement placés dans une maison de campagne, dans un bâtiment séparé (il paraît que c'était une mesure de sûreté fréquemment employée), l'*argentarius* pourra y mener son client ou lui délivrer une copie. (L. 6, *pr. n. t.*)

IV. *Du refus de communication.* — Si l'*argentarius* refuse de faire la communication qui lui est demandée, le préteur donne contre lui une action *in factum*, par laquelle il peut être condamné à indemniser complétement celui auquel ce refus fait perdre son procès ; mais il faut pour cela que le refus soit dolosif; on y assimile le cas d'une production infidèle ou incomplète.

Il faudra pour obtenir cette indemnité prouver que le refus du banquier a causé la perte du procès, en enlevant la preuve que ces livres auraient fournie; il faut donc prouver que le procès eût été gagné, si à ce moment on avait eu cette communication. Gaïus (L. 10, § 3, *n. t.*) prévoit une objection : si vous pouvez prouver contre l'*argentarius* que son refus vous a fait perdre votre procès, vous pouviez bien prouver votre bon droit devant vos premiers juges, sans le secours de ces comptes ; il y a donc eu ou erreur du juge, ou mauvaise défense de votre cause; voilà ce qui vous a fait perdre votre procès, et non le refus de communication. Le jurisconsulte répond immédiatement qu'il peut arriver que l'on soit en état de prouver son bon droit par la découverte de moyens de preuve nouveaux qu'on n'avait pas alors.

Le but de l'action donnée par le préteur est donc d'obtenir une indemnité proportionnée au préjudice causé; Cujas pense qu'elle pouvait aussi servir à contraindre l'*argentarius* récalcitrant à la communication des comptes (Cuj. Comment. *in tit. de Leg.* 2, D. *ad L*, 77, § 14). Ceci paraît douteux : il n'est fait mention de cette action qu'en cas de refus et la *loi*, 9 *pr. h. t.* dit que le préteur force l'*argentarius* à l'*editio* « *per metum in factum actionis*. »

C'était non par cette action, mais par l'obtention d'un ordre du préteur qu'on demandait la communication; l'action n'était donnée que lorsque le banquier refusait d'y obéir.

Cette action *in factum* était prétorienne et annale; quant à son fondement, ce n'est ni un contrat, ni un quasi-contrat, car les héritiers de l'*argentarius* ne peuvent être atteints par cette action, et en principe les actions résultant d'un contrat ou d'un quas-icontrat sont données contre les héritiers; ce n'est pas davantage un délit ou un quasi-délit, puisque cette action est donnée *de peculio* contre le maître de l'esclave, ce qui n'a pas lieu en principe pour les actions qui naissent de délits ou de quasi-délits (1, § 7 et 8 D. *De his qui effud. vel dejec.*). Kraut (*de Argentariis*, p. 88) en conclut qu'il faut voir le fondement de cette action dans la nature dolosive du refus de communication, et il signale une analogie entre cette action et celle qui est donnée contre le mesureur qui a déclaré une mesure fausse et mensongère (L. 3, § 5, D., *si Mensor. fals. mod. dix.*); toutes deux sont refusées contre les héritiers et sont données *de peculio* contre le maître de l'esclave.

§ 4. *De la compensation spéciale aux* argentarii.

La tenue des *codices* permet au banquier de dresser exactement le compte de chacun de ses clients, puisqu'il y trouve inscrit d'une part tout ce qu'il a reçu d'eux ou tout ce qu'il a touché pour eux, et d'autre part tout ce qu'il a payé en leur nom ou tout ce qu'il leur a remis; il est débiteur de tout ce qu'il a reçu et créancier de tout ce qu'il a remis. Comme l'*argentarius* et son client se trouvent ainsi réciproquement créanciers et débiteurs l'un de l'autre, il y a lieu à une compensation, mais comment s'opère-t-elle? Pour répondre à cette question, il faut se reporter à la théorie générale de la compensation en droit romain, ce que nous ferons le plus brièvement possible, sans entrer dans les nombreuses controverses que soulève la matière.

En droit romain la compensation n'est pas considérée comme un mode d'extinction des obligations; elle ne s'opère pas par l'effet de la loi, mais par l'office du juge; elle est, non pas légale, mais judiciaire; les créances réciproques qu'ont deux personnes l'une contre l'autre existent chacune de leur côté; seulement on autorise le juge, devant qui l'une des créances est poursuivie, à déduire de la condamnation à prononcer, la somme dont le demandeur était redevable de son côté. Tel a été en droit romain le caractère de la compensation. Sous le régime formulaire, on ne l'admettait que dans les actions de bonne foi et à la condition que la créance opposée en compensation provînt de la même cause : dans les actions de bonne foi seulement, parce que le juge, dit Gaïus, paraît avoir un entier pouvoir pour estimer *ex æquo et bono* ce qui doit être restitué au demandeur; à la condition que les dettes aient une même cause, parce qu'il ne peut se prononcer que sur ce qui lui est soumis. Dans les actions de droit strict, au contraire, le juge lié par la formule doit se prononcer uniquement sur la prétention du demandeur; quant à ce qui peut être dû par celui-ci au défendeur, il n'a pas à en tenir compte et le défendeur poursuivra, de son côté, ce qui lui sera dû. — Un rescrit de Marc-Aurèle vint, d'après Justinien, modifier cette rigueur du droit et autorisa le juge à prononcer la compensation dans les actions de droit strict, en accordant une exception de dol au débiteur poursuivi qui se trouve en même temps créancier du demandeur; et la compensation pourra être opérée, alors même que les deux obligations auraient une cause différente; elle a lieu *ex dispari causâ*. La compensation a dès lors lieu dans les actions de droit strict, comme dans les actions de bonne foi, et il est fort probable que dans ces dernières elle fut admise, depuis le rescrit de Marc-Aurèle, également *ex dispari causâ*. Tel a été à Rome le caractère de la compensation.

L'*argentarius*, nous apprend Gaïus, fût soumis sur ce point à des règles spéciales, et, même dans les actions de droit strict, à l'époque où dans ces actions la compensation ne pouvait avoir lieu, il pouvait se produire une compensation, celle particulière à l'*argentarius*. En quoi donc consiste cette compensation, dont parle Gaïus, et qui n'est pas la compensation de droit commun dont nous venons d'exposer les principes?

L'*argentarius* qui actionne son client en paiement de ce qu'il lui doit, doit compenser sa créance avec ce qu'il doit lui-même à son client, *compensationem facere*, et il doit ne réclamer que l'excédant établi par cette compensation; s'il ne le fait pas ou si sa compensation est inexacte, il y a *plus petitio*, et il en subit les conséquences, c'est-à-dire que le défendeur est absous.

Comme on le voit, ce n'est plus du tout la compensation du droit commun, la compensation qui est prononcée par le juge sur la demande du défendeur poursuivi, dont il est question ici; c'est le banquier qui doit opérer lui-même la compensation; il n'a qu'une créance, celle qui résulte de cette balance du compte; s'il ne l'opère pas, le défendeur ne viendra pas dire: vous me réclamez 100, je vous les dois; mais comme vous m'en devez 40, je demande à n'être condamné à vous payer que 60; dans notre hypothèse le défendeur dit: je vous dois 60; vous m'en demandez 100; il y a *plus petitio*; comme vous réclamez ce qui ne vous est pas dû, je dois être absous.— Il y a donc là une sorte de compensation légale, telle que nous l'entendons aujourd'hui: les deux obligations réciproques sont considérées comme s'étant éteintes de plein droit jusqu'à due concurrence; mais remarquons que cela se produit seulement quand l'*argentarius* agit; si le débiteur agissait le premier en paiement des 40 qui lui sont dus, le banquier ne serait pas obligé de compenser : l'obligation est toute professionnelle, toute spéciale au banquier qui poursuit son débiteur; mais dans ce cas, on considère qu'il n'y a plus qu'une dette, celle qui résulte de la balance du compte, absolument comme dans un compte courant toutes les créances et dettes réciproques des parties disparaissent pour faire place à une dette ou créance unique, celle du solde qui résulte de la compensation finale (1).

Il n'est pas question une seule fois, dans le Digeste, de cette compensation, que nous ont révélée les commentaires de Gaïus (2), et cela se comprend : la déchéance de la *plus petitio* qui était la sanction de l'obligation imposée à l'*argentarius* disparut peu à peu à mesure que s'établit la procédure extraordinaire : on comprend donc comment l'obligation même a disparu graduellement. Sous Justinien il n'en est plus question et l'on ne peut pas dire avec certitude si, dans le titre *de Compensationibus*, il existe des textes qui se soient primitivement rapportés à cette compensation. Mais nous trouvons dans Gaïus quelques renseignements qui vont nous permettre de dire quelqus mots de cette règle spéciale, à laquelle étaient soumis de son temps les *argentarii*.

(1) Thézard, *De la compensation*. Rev. Crit., année 71-72 ; p. 165 et suiv.

(2) Gaïus nous apprend que le *bonorum emptor*, quand il poursuit les débiteurs du *defraudator* aux droits duquel il succède, doit opérer une compensation analogue : si le débiteur poursuivi est en même temps créancier, le *bonorum emptor* doit déduire du chiffre de sa demande le montant de cette dette du *defraudator* ; il doit, dit Gaïus, *cum deductione agere* ; il y a quelques différences entre cette *deductio* et la *compensatio* de l'*argentarius* ; nous les signalerons en passant.

C'est dans l'*intentio* de la formule que se manifeste cette compensation; l'*argentarius* qui poursuit son client doit rédiger ainsi l'*intentio* de la formule : *Si paret Titium sibi X millia dare oportere amplius quam ipse debet*; s'il est établi que Titius lui doive 10,000 de plus que Titus ne lui doit. La *deductio* de l'*emptor bonorum* s'appliquait, au contraire, à la *condemnatio*, et il en résultait que, le juge, et non le demandeur, ayant à en faire l'évaluation, il n'y avait pas *plus petitio*. Au contraire, le banquier doit lui-même faire la balance de son compte, et s'il y a une exagération dans le résultat de cette *compensatio*, il perd son procès en vertu de la déchéance qu'entraîne la *plus petitio*. On comprend que ce droit rigoureux ne pouvait s'appliquer que dans le cas où il était possible au banquier de faire aussi exactement la balance de son compte; aussi Gaïus s'empresse-t-il d'ajouter que l'*argentarius* n'est soumis à cette nécessité que si les dettes sont exigibles et ont pour objet des choses de même nature (Gaïus IV, 67, 66). La *deductio*, au contraire, s'appliquait même à des dettes non exigibles, ou de natures différentes.

Gaïus dit que l'*argentarius* qui n'opère pas la compensation ou qui exagère à son avantage le résultat de cette compensation est déchu parce qu'il y a *plus petitio*; il nous reste à voir quelle est l'étendue de cette déchéance : supposons que l'*argentarius* doive 10 à *Titius* et que celui-ci doive à l'*argentarius* 20. Si l'*argentarius* n'opère pas de compensation et réclame 20, il est déchu de son droit et Titius pourra ensuite lui réclamer les 10 qui lui sont dus. S'il opère la compensation et qu'au lieu de réclamer

10, résultant de la compensation, le banquier réclame 11, il y a encore *plus petitio* nous dit Gaïus, et l'*argentarius* est déchu ; mais pour combien? Pour le tout, pour 20, ou seulement pour ce qu'il a réclamé, pour 11? On a soutenu (M. Dietz, *Thèse* de doctorat) que dans ce cas il n'y avait déchéance que pour 11, parce que, dit-on, on n'a déduit en justice que 11 ; de telle sorte que, si Titius poursuit ensuite le banquier pour 10, celui-ci lui opposera 9 en compensation par la voie ordinaire. — Nous repoussons cette idée parce qu'il ne nous semble pas exact de dire que l'*argentarius* n'ait déduit en justice que 11, il a déduit toute sa créance ; en effet, si l'on se reporte à l'exemple de Gaïus, on voit que dans l'*intentio* le banquier ne réclame pas 11 ; il ne soutient pas qu'il lui soit dû 11, mais, ce qui est bien différent, qu'on lui doit 11 de plus que ce qu'il doit lui-même. C'est donc bien la créance entière, la créance de 20 qu'il déduit en justice, car le juge devra, pour apprécier s'il y a bien une différence de 11 entre les deux dettes, examiner tout d'abord s'il est dû 20 par Titius. Le banquier sera donc déchu pour le tout, pour 20, absolument comme s'il n'avait pas opéré de compensation.

Si à l'inverse le banquier réclame moins qu'il ne lui est dû, si, au lieu de 10, il réclame 5, il y a une *minus petitio*, qui, à raison de la divisibilité des actions *certæ*, ne constitue pas en elle-même une faute, un vice de la formule ; le banquier pourra donc agir encore pour 5 ; seulement, il devra suspendre l'exercice de son action jusqu'à l'entrée en charge d'un nouveau préteur, sous peine de se voir opposer l'exception *litis dividuæ*.

CHAPITRE IV.

DES ARGENTARIÆ SOCIETATES.

La prospérité des banques se mesurant à la masse des capitaux engagés et à l'étendue des relations, on comprit de bonne heure la nécessité d'avoir recours à l'association, pour donner aux *mensæ argentariæ* un crédit plus grand et leur permettre d'entreprendre des affaires plus importantes. Quelquefois deux *argentarii* s'associaient pour une opération isolée; d'autres fois ils s'associaient pour l'exploitation d'une maison commune, d'une *argentaria* unique. Cette dernière sorte de société, à raison de la nature particulière de l'industrie des banquiers, reçut du législateur un caractère particulier que nous allons étudier.

En principe l'*argentaria societas*, c'est-à-dire la société formée pour l'exploitation d'une banque, était soumise aux règles ordinaires du contrat de société; la loi 52 au titre *pro Socio* nous en donne un exemple : dans le partage de la masse, on ne comprend que les bénéfices résultant des opérations de banque, qui sont l'objet de la société : « *Quod quisque socius non ex argentariâ causâ quæsiit, id ad communionem non pertinere exploratî juris est.* » Mais si la société de banque est ainsi soumise aux règles du contrat de société, elle est aussi l'objet de dispositions spéciales.

Cicéron nous dit que le tiers qui traitait, à l'occasion

de l'*argentaria*, avec l'un des associés pouvait poursuivre *in solidum* soit celui-là, soit un autre : « *Hoc quod argentario tuleris expensum a socio ejus rectè repetere potes* » (*ad Herenn.*, II, 13). Réciproquement quand un tiers était débiteur de la banque, il pouvait être poursuivi *in solidum* par l'un quelconque des associés (L. 27, *de Pactis*). Il résulte de ces deux textes que les associés d'une maison de banque sont débiteurs et créanciers solidaires. Cette règle spéciale se comprend à cause de la nature particulière de cette société formée pour l'exploitation d'une banque et de l'importance des rapports que les Romains avaient en général avec les *argentarii* (Savigny, *Droit des obligations;* Demangeat, *Oblig. solidaires*, p. 163). Il y a là, à la différence de ce qui a lieu en droit commun, solidarité indépendamment de la volonté des parties; le tiers, qui peut poursuivre ou être poursuivi *in solidum*, se trouve en face d'un associé, dont il ne connaissait peut-être pas l'existence au moment où il a contracté. Du premier de ces textes résulte la solidarité passive des associés, du second, la solidarité active; la *societas argentaria* est donc une source légale d'obligations solidaires.

Ce caractère a été contesté et nous devons reprendre les deux textes cités. Cicéron (*ad Herenn.*, II, 13 dit : « *Hoc quod argentario tuleris expensum, ab ejus socio rectè repetere potes;* » on ne peut contester qu'il y a solidarité passive; mais, dit-on, Cicéron ne nous dit pas d'abord qu'il s'agisse spécialement d'une société formée pour l'exploitation d'une banque, ni que la solidarité résulte de la société. La solidarité peut résulter du contrat, dans l'espèce, de l'*expensilatio*; c'est-à-dire que le client a porté sur son registre : *Expensa Titio argentario centum; expensa Seio argentario eadem centum;* si le client peut agir pour le tout, c'est donc en vertu des règles ordinaires de la solidarité; mais s'il avait simplement porté sur son registre: *Expensa Titio argentario c.*, il ne pourrait agir que contre lui et nullement contre son associé.

Cette interprétation ne nous semble pas possible : s'il y avait solidarité en vertu du contrat, Cicéron ne pourrait omettre cette mention; nous avons différents textes au Digeste où l'on fait allusion à des *argentarii socii* qui se sont engagés solidairement par une *expensilatio*, et ces textes font alors expressément mention de cette circonstance, *quorum nomina simul facta sunt*; mais ici rien de semblable et alors comment s'expliquer que Cicéron mentionne la circonstance inutile de l'existence d'une société et omette de parler de la double *expensilatio* qui peut seule, dit-on, avoir autorisé la poursuite du débiteur *in solidum?*

La loi 27, *de Pactis*, qui ne parle pas davantage d'une clause de corréalité, dit que les *argentarii socii* peuvent, à l'inverse, agir pour le tout contre le débiteur de la banque; il y a donc solidarité active et comme on se contente de dire que les *argentarii* sont *socii*, il faut croire que c'est l'existence de cette société qui est la cause de cette solidarité. Sans doute, ici, on peut objecter que ce texte, extrait d'un ouvrage de Paul, a pu être tronqué dans ses dispositions essentielles et que, par un défaut de compilation, dont nous avons d'autres exemples, on a supprimé la mention d'une clause de corréalité. Cela est vrai ; mais ne serait-il pas étrange que ce texte ainsi mutilé concorde si exactement avec le passage de Cicéron, qui n'a pas été exposé à une semblable altération ? Ces deux dispositions sont réciproques : il n'y a qu'une maison de banque ; il n'y a qu'un seul débiteur et qu'un seul créancier, la banque ; les associés qui la gèrent peuvent être poursuivis pour le tout et ils peuvent poursuivre le tout. Nous croyons donc pouvoir affirmer que dans la société formée pour l'exploitation d'une banque les associés sont créanciers et débiteurs solidaires, indépendamment de toute autre cause ordinaire de corréalité. C'est une règle particulière introduite dans l'intérêt de cette exploitation en société.

La loi 27, *de Pactis*, nous apprend que, si l'un des *argentarii socii* peut ainsi poursuivre pour le tout le débiteur commun et éteindre la créance en recevant le paiement, il ne peut pas consentir une remise de dette opposable à son associé ; celui-ci pourra repousser l'exception *pacti conventi* du débiteur ; si le pacte a été consenti *in personam* (*ego non petam*), ceci est certain ; si le pacte a été consenti *in rem* (*non petetur*), la question avait été discutée ; mais la plupart des jurisconsultes, et enfin Paul dans la loi 27 ont décidé que, dans tous les cas, le pacte *de non petento* consenti par l'un des associés ne peut pas nuire à l'autre ; c'est là d'ailleurs une disposition commune à tous les créanciers solidaires.

L'*argentarius socius* peut donc éteindre la dette commune en recevant le paiement ; mais il ne peut l'éteindre par une remise de dette ; pourra-t-il nover ? La novation de la créance opérée par l'un des associés est-elle valable aux regards de l'autre ? Cette question est très-délicate : l'on peut comprendre que l'*argentarius socius*, pouvant éteindre la créance en recevant le paiement, puisse également et même à plus forte raison la nover, car l'extinction par la novation produit un effet moins radical que le payement : la créance éteinte est remplacée par une autre créance ; mais cependant la loi 27, *de Pactis*, semble expressément refuser ce droit à l'*argentarius socius* ; voici cette loi : « Si l'un des banquiers associés fait un pacte avec le débiteur, l'exception sera-t-elle opposable à l'autre? Neratius et autres pensent que non ; car tout ce qui a été établi, c'est qu'il peut se faire payer le tout. Labéon est également de cet avis par ce motif : *non novare alium posse, quamvis ei recte solvatur*. C'est ainsi que les personnes qui sont sous notre puissance recouvrent très-bien ce qu'elles ont prêté, quoiqu'elles ne puissent nover. Et cela est vrai ; il faut en dire autant de *duo rei stipulandi*. » Il semble donc que l'*argentarius socius* ne peut pas nover valablement la dette, *alium novare non posse*, et, ajoute-t-on, il en est ainsi de tout créancier solidaire.

Seulement pour les créanciers solidaires ordinaires, pour les *duo rei stipulandi*, la loi 31, § 1, *de Novationibus*, décide formellement que l'un d'eux peut très-valablement nover : on a concilié ces deux lois de différentes manières : l'une de ces conciliations, celle de Savigny (*Droit des obligations*, § 18), consiste à appliquer la fin de la loi : *idemque de duobus reis promittendi dicendum erit*, non au raisonnement de Labéon, à l'argument qu'il invoque, mais bien à la question posée dans la loi 27 : La remise de dette consentie par un *argentarius socius* est-elle opposable à l'autre? Non, répond-on, et Paul cite les raisons qu'on en donne; il en est de même, ajoute-t-il, de *duo rei promittendi*. Il résulte donc des lois 27, *de Pactis*, et 31, *de Novationibus*; combinées que ni l'*argentarius socius*, ni l'un des *duo rei promittendi* ne peut consentir une remise de dette; que tous deux peuvent recevoir valablement un paiement; que l'*argentarius socius* ne peut pas nover la créance commune, tandis que le créancier solidaire ordinaire, le peut.

Pourquoi cette différence au point de vue de la novation entre ces deux sortes de créanciers solidaires, soumis sur les autres points aux mêmes règles? on ne se l'explique guère; aussi a-t-on proposé une autre conciliation des lois 27, *de Pactis*, et 31, *de Novationibus*, qui supprime cette distinction. Kraut (*de Argentariis*, p. 49) et après lui de Vangerow (*Lehrbuch der Pandekten*, p. 100), expliquent la loi 27 de la manière suivante, en rapportant le mot *alium*, non à l'un des *argentarii socii*, mais à toute personne en général qui peut recevoir un paiement sans être créancier; le raisonnement de Labéon serait le suivant : l'*argentarius socius* peut-il consentir une remise de dette opposable à son associé? Non; il peut recevoir le paiement; mais de ce qu'une personne peut recevoir un paiement, il ne s'ensuit pas qu'elle puisse nover; ainsi les personnes en notre puissance ne peuvent pas nover, bien qu'elles puissent recouvrer ce qu'elles ont prêté; or, le pacte *de non petendo* a des conséquences beaucoup plus graves que la novation; donc l'*argentarius socius* ne peut consentir un pacte *de non petendo* opposable au débiteur. Labéon ne se serait donc pas du tout expliqué sur la question de savoir si l'un des *argentarii socii* peut nover la créance sociale. Alors, dit-on, si l'un des *duo rei promittendi* peut nover, il est tout naturel de penser que l'*argentarius* le peut également.

Cette interprétation est assurément fort ingénieuse; mais elle prête à Labéon un raisonnement qui, s'il a été dans sa pensée, du moins n'est pas exprimé; et quant au mot *alium*, on le détourne évidemment de son sens. D'autre part, il est bien certain que l'on ne comprend guère que l'*argentarius socius* ne puisse nover, si les autres créanciers solidaires le peuvent. En présence de ces difficultés nous adoptons l'opinion enseignée par Cujas et reprise par M. Demangeat (*Oblig. solid.*, p. 108) : la loi 27 reproduit l'opinion proculienne, celle de Labéon, Neratius, Atilicinus et Proculus; la loi 31, *de Novationibus*, reproduit l'opinion de Venuleius; d'après les premiers, l'*argentarius socius*, comme tout créancier solidaire ne peut nover; d'après Venuleius, le créancier solidaire peut nover, et sans doute l'*argentarius socius*, qui est un créancier solidaire en vertu de la nature particulière de cette société, le peut également.

DROIT FRANÇAIS

DES COMPTES COURANTS

INTRODUCTION.

Les progrès réalisés de nos jours par le commerce ont nécessité la création ou le perfectionnement d'institutions spéciales pouvant répondre à des besoins nouveaux. L'une de ces institutions, celle des comptes courants, dont l'usage est maintenant si répandu, n'est pas une institution nouvelle : l'on prétend même en retrouver des traces dans l'antiquité, à Athènes et à Rome ; ce qu'il y a de certain, c'est que les banques italiennes du moyen âge l'ont parfaitement connue et que ces banques ont même commencé par être de simples caisses de comptes courants ; mais cette idée n'est devenue vraiment féconde qu'à notre époque, lorsque le commerce, acquérant un développement jusqu'alors inconnu, s'en est emparé pour l'adapter à ses besoins et a ainsi transformé cette institution, jusqu'alors fort peu répandue. Cependant, malgré l'importance acquise par les comptes courants et leur fréquent usage, cette matière donne lieu tous les jours à de nombreux procès et soulève les plus grandes difficultés juridiques : cette institution se trouve donc à la fois l'une des plus usuelles dans le commerce et l'une des moins nettement définies ; cela tient à plusieurs causes.

La première, c'est qu'il arrive pour le compte courant ce qui se présente dans la plupart des institutions commerciales, qui se développent progressivement par l'usage. Le commerce, qui a créé le compte courant et le pratique tous les jours, sait parfaitement les services qu'il en tire et le but qu'il lui permet de poursuivre ; mais il ne se rend pas toujours compte des principes sur lesquels il repose ; il sait ce qu'est un compte courant et les effets qui en découlent ; il ne sait pas pourquoi, ni comment ces effets sont produits par le compte courant. Comme la plupart des opérations de banque si faciles à concevoir, à imaginer, à pratiquer, qui, dès le principe, n'ont pas arrêté un seul instant les esprits les moins subtils, le compte courant présente, quand on le considère dans ses rapports avec le droit, un problème épineux contre lequel vient échouer la pénétration du jurisconsulte. Il se passe là, comme l'a très-ingénieusement fait remarquer un savant économiste, un phénomène analogue à celui de la formation des langues : « Le » peuple qui a créé les langues et qui les forme, ne les » comprend pas ; du moins ne sait-il pas se rendre » compte des lois qui les gouvernent.... ; cet instru» ment, dont il se sert tous les jours sans efforts et qui

» est son ouvrage, renferme des mystères dont il n'a pas » la clef. » Coquelin, *du Crédit et des banques*, p. 54. La pratique des comptes courants est ainsi très-répandue, sans que sa nature juridique soit nettement définie.

Une deuxième cause du vague que l'on rencontre dans la matière des comptes courants et des divergences d'opinions que leurs effets et leur nature ont fait naître, c'est que, comme nous le verrons au début de cette étude, l'expression de compte courant embrasse des situations très-diverses où il n'y a pas compte courant dans la véritable acception du mot ; bien des systèmes contradictoires se sont ainsi produits, suivant le sens que l'on a donné au mot compte courant, et bien des hésitations sont dues à l'impossibilité d'appliquer les mêmes règles à des situations qui n'avaient de commun que le nom. C'est là une conséquence de la pauvreté de la langue, qui n'a pu désigner par des noms différents des institutions qui offrent un point d'analogie, le mode de comptabilité, mais qui présentent au point de vue du droit les différences les plus essentielles et les plus radicales.

La loi écrite n'a pas éclairci ces doutes, ni dissipé ces incertitudes ; elle est muette sur cette matière, et la cause de ce silence est la rapidité des progrès réalisés de nos jours par l'institution des comptes courants, dont on ne pouvait prévoir, à l'époque de la rédaction du Code de commerce l'importance juridique. Le Code de 1807 n'en fait qu'une seule fois mention dans son ancien art. 581, devenu depuis 1838 l'art. 575; deux lois spéciales, celle du 16 nivôse an VI sur les assignats, et celle du 24 germinal an XI sur les banques, en font également mention; mais de ces deux lois, l'une essentiellement transitoire n'a plus d'application, et l'autre ne contient qu'une disposition toute spéciale; il ne faut donc pas songer à trouver dans les textes la solution des questions de comptes courants, ni même l'indication de leur nature juridique. Toute cette matière repose sur l'usage, cette source féconde du droit commercial, et les tribunaux appelés à se prononcer sur les innombrables difficultés auxquelles ont donné lieu les comptes courants, ont dû, en l'absence de loi écrite, appliquer les règles de droit commun et tirer les conséquences juridiques des usages qu'ils ont constatés. C'est ainsi que l'étude de la jurisprudence des cinquante dernières années, surtout à partir de 1840, offre la plus grande importance; il y a là une élaboration lente et progressive, qu'on a justement comparée au travail législatif du préteur romain, et dont les usages ont été le point de départ.

Aujourd'hui que cette jurisprudence a définitivement tranché beaucoup de solutions autrefois douteuses, reconnu les effets juridiques attachés aux usages, constaté enfin la légitimité de ces usages, l'on peut dire que cette période de formation est à peu près complète et que, malgré les variations, les hésitations et les erreurs même, que l'on peut rencontrer dans ces nombreuses décisions, il est possible, en rattachant à des principes les solutions définitives et exactes, d'en faire sortir une théorie du compte courant. Aussi ne constate-t-on plus, chez les auteurs qui parlent du compte courant, la timidité que relevait, en 1840, un auteur qui a contribué puissamment à l'étude juridique des comptes courants, M. Massé (1). Ces études de M. Massé, les travaux de MM. Delamarre et Lepoitvin, les réquisitoires justement estimés de M. Nicias Gaillard, ont, en élucidant les points obscurs qu'offraient les détails de la matière, ouvert la voie à des études complètes de toutes les difficultés du sujet réunies en monographies. Nous voulons parler du précieux ouvrage de M. Noblet (2) et du consciencieux et savant traité de M. Feitu (3), auxquels il importe de joindre la remarquable thèse de doctorat de M. Dietz (4). Ces trois ouvrages ont été nos guides constants dans ce travail, où nous nous proposons de résumer les principes qu'ils ont acquis à la science du droit, et d'exposer les controverses qu'ils ont résolues quelquefois de manières différentes. Nous n'avons pas d'autre prétention.

CHAPITRE I.

NATURE JURIDIQUE DES COMPTES COURANTS.

La matière des comptes courants, féconde en controverses juridiques, nous présente, dès le commencement

(1) *Rev. de législ. et de jurisp.* 1846, t. 3, p. 401.
(2) Noblet, *Du compte courant*, 1 vol. 1847, Paris.
(3) Feitu, *Traité du compte courant*, 1 vol. 1873, Paris.
(4) Dietz, *Thèse de doctorat*, Paris, 1869.

même de notre étude, une première question importante à résoudre et qui a donné naissance à de nombreux systèmes : Quelle est la nature juridique du compte courant ? Avant d'aborder ce problème, nous allons essayer de donner une idée sommaire des relations qu'établit le compte courant, des circonstances de fait dans lesquelles il intervient et de son mécanisme matériel.

Quand deux personnes (ce sont ordinairement des commerçants), sont en relations suivies d'affaires et que les opérations qui interviennent entre elles sont fréquentes et répétées, elles peuvent convenir de les régler en compte courant, afin de substituer un règlement unique, aux règlements dispendieux et compliqués de chaque affaire isolément. On évite ainsi les frais et les risques inséparables des transports multipliés de numéraire, qu'entraîneraient des règlements partiels, en même temps que les avantages résultant d'une compensation finale permettent de solder, par des différences souvent peu considérables, des affaires qui ont roulé sur des chiffres fort élevés. Voici quelques exemples qui feront ressortir les avantages de ce mode de règlement : deux négociants, Bernard, de Paris, et Raymond, de Lyon, se font des ventes réciproques de marchandises. Le 1er janvier, Bernard lui en vend pour 10,000 francs ; le lendemain, c'est Raymond qui vend pour 5,000 francs ; le surlendemain, Bernard fait une nouvelle vente de 10,000 francs ; puis, c'est Raymond qui, à son tour, livre 10,000 francs de marchandises à Bernard : si on réglait chacune de ces opérations au fur et à mesure, soit au comptant par des envois d'espèces, soit à terme par la création ou la transmission d'effets de commerce, il est facile de voir combien de frais et de risques entraîneraient tous ces envois et contre-envois ; il est bien préférable d'ouvrir un compte courant : à chacune des remises de marchandises, faites par l'une ou l'autre des parties, le récepteur portera au crédit du remettant une somme équivalente à son prix d'achat, et sera, dès lors, libéré ; au lieu d'être débiteur, il sera simplement débité, et son correspondant cessera d'être créancier pour devenir créditeur. A la clôture des opérations, à l'*époque* du compte, comme l'on dit dans le langage de la pratique, on additionnera la masse totale du crédit et du débit de chacune des parties : Bernard aura un crédit de 20,000 francs et un débit de 15,000 francs ; Raymond aura un crédit de 15,000 francs et un débit de 20,000 francs ; car le crédit de chacun formera nécessairement le débit de son correspondant et réciproquement. La balance fournit donc au profit de Bernard un solde de 5,000 francs qui devient pour lui une créance ordinaire et immédiatement exigible. Toutes les opérations se trouveront réglées par le paiement de ce solde de 5,000 francs effectué par Raymond. L'on peut voir de suite l'avantage réalisé par cette méthode de règlement, qui substitue aux créances et aux dettes réciproques des parties, des articles de crédit et de débit : Les commerçants peuvent conclure sans déplacements de numéraire les opérations les plus importantes. — Mais des ventes peuvent n'être pas les seules affaires qui interviennent entre ces deux négociants : étant sur des places différentes, ils peuvent réciproquement se charger des recouvrements d'effets, qu'ils ont à opérer sur la place de leur correspondant; au lieu d'envoyer ces effets en recouvrement à leur correspondant, qui deviendrait comptable du montant par lui touché, ils se les enverront en compte courant : le récepteur créditera le remettant et gardera le montant encaissé par lui en toute propriété, moyennant la dation de ce crédit, qui viendra se fondre dans la masse totale, qu'on règlera à la clôture du compte.

On peut supposer encore que l'une des deux parties ayant besoin d'argent s'adresse à son correspondant qui, au lieu de lui faire un prêt, lui enverra la somme demandée en compte courant en échange d'un crédit de pareille somme, afin de régler toutes leurs affaires à une même époque, à la clôture du compte; le récepteur y trouvera cet avantage qu'il pourra aussi par des envois partiels d'espèces diminuer progressivement son débit. — Nous ne pouvons pas multiplier ces exemples : qu'il nous suffise de dire que toute opération donnant lieu à des mouvements de capitaux, avances d'argent, escomptes de valeurs, recouvrements d'effets de commerce, négociations de billets, vente ou achats de marchandises, etc., viendront ainsi se fondre dans le compte courant, pour ne plus former qu'une masse unique : un crédit compensé par un débit.

Dans tous ces cas, le débité se trouve avoir la disposition de sommes, dont il serait en droit commun comptable et débiteur vis-à-vis de son correspondant. Au lieu de rester débiteur d'un prix de vente, il n'est plus que débité; au lieu d'avoir comme mandataire à rembourser le montant d'effets recouvrés par lui; il garde les fonds en échange d'un crédit par lui donné. Chacune des parties se trouve donc avoir entre les mains des sommes qui devraient appartenir à l'autre; il est donc juste qu'elles en servent les intérêts : c'est ce qui arrivera toujours à moins de conventions contraires et nous devons entrer dans quelques brefs détails de comptabilité sur le calcul de ces intérêts. On peut employer d'abord la méthode dite *des soldes*, qui consiste à relever à chacune des entrées ou sorties de fonds le solde du compte et à calculer sur ce solde l'intérêt, pour l'inscrire au crédit de qui de droit. Une autre méthode, celle *des compensations*, ou plus exactement de la compensation finale, consiste à relever les intérêts produits par chaque remise depuis son entrée jusqu'à l'arrêté de compte, à totaliser ces intérêts en même temps que les remises, et à balancer à la fois les remises et les intérêts produits par ces remises. Ce second système, le plus fréquemment usité, présente deux manières particulières de calculer les intérêts : la *méthode directe* et la *méthode rétrograde*, qui diffèrent entre elles au point de vue de la fixation de l'époque à partir de laquelle les intérêts doivent être comptés.

La méthode directe prend pour époque le jour de l'entrée en compte; les intérêts courent, pour chaque remise, du jour de son entrée en compte jusqu'au jour de la clôture; si des effets non encore échus à cette dernière date font partie du compte, on les comprend dans la compensation qui s'opère à ce moment; mais pour tenir compte de l'avantage accordé au remettant, auquel on permet de faire entrer en compensation une valeur non échue, on porte au crédit du récepteur les intérêts que produirait cette valeur si elle était échue réellement, depuis le jour de la clôture du compte, jusqu'à la date de son échéance. C'est ce qu'on exprime en disant qu'on met l'effet en valeur au jour de la clôture du compte. Pour ne pas rompre la symétrie du compte, on inscrit ces intérêts en face de la remise qui les produit; mais, comme ils ne doivent pas appartenir au remettant, on les inscrit à l'encre rouge : à la clôture du compte les *chiffres rouges* passent du crédit du remettant à son débit. — La méthode rétrograde consiste à prendre pour point de départ des intérêts, non pas la date des remises, mais le jour de l'ouverture du compte, en mettant en valeur à ce jour tous les articles du compte, par les procédés de l'escompte. Le solde lui-même, tel qu'il résulte de l'arrêté de compte, est mis en valeur également à la date de l'ouverture. — Chacune de ces méthodes présente ses avantages et ses inconvénients; ce sont là de pures questions de comptabilité, que nous n'avons pas à examiner ici.

Le compte courant est donc tout d'abord un cadre de comptabilité : il y aura des cas particuliers, où il n'y aura absolument que cela; il y aura une méthode particulière de comptabilité, désignée sous le nom de compte courant et adaptée à un contrat spécial, par exemple un contrat de dépôt, ou bien encore un contrat de mandat. Le mot de compte courant, qu'on emploie en pareil cas, s'applique à la comptabilité, employée pour régler les conséquences de ces contrats. Ainsi, et nous nous en tiendrons à cet exemple, on emploie cette comptabilité dans les dépôts irréguliers : une personne remet des fonds chez un banquier ou dans un grand établissement de crédit, en se réservant la faculté de retirer ces fonds au fur et à mesure de ses besoins. Ces retraits, qui s'opèrent ordinairement au moyen de chèques, et les nouveaux dépôts qu'elle effectuera seront constatés dans un compte auquel on donne le nom de compte courant : ce compte sera arrêté périodiquement ; il y aura cours d'intérêts, reports de solde, et cette comptabilité sera l'expression du contrat de dépôt. — Une autre opération de banque, l'ouverture de crédit qui est une promesse de prêt, se convertissant en véritable prêt par la numération des espèces, donne lieu à des comptes courants : seulement, et ceci sera très-fréquent, le crédité peut se réserver le droit de faire de son côté des remises, et il y aura alors un véritable compte courant, tel que nous l'entendons, annexé à l'ouverture de crédit ; nous aurons plus d'une fois occasion de parler de ces comptes courants.

Un compte courant est donc un mode de comptabilité, et cette expression se trouve quelquefois employée dans ce seul sens ; à ce point de vue, le jurisconsulte n'a pas à s'en occuper. Lorsqu'il est adapté à un contrat, il n'en modifie pas les effets et toutes les règles de ces divers contrats s'appliquent. Mais il y a des cas où l'expression de compte courant sert à désigner des rapports de droit tout spéciaux qui s'établissent entre les parties : ce sont ces rapports que nous voulons étudier et qu'il faut pour cela dégager de l'élément matériel de la comptabilité. Reprenons donc la description sommaire que nous avons donnée du compte courant pour rechercher s'il n'y a pas autre chose que ce cadre de comptabilité que nous constatons.

Lorsqu'un prix de vente est passé en compte courant, nous avons dit que la dation d'un crédit en échange des marchandises reçues libérait le débiteur du prix de vente ; il y a donc extinction de sa dette : il acquiert la propriété des marchandises en échange d'un crédit. Lorsqu'on passe des effets de commerce en compte courant, le récepteur qui en recouvre le montant, le garde moyennant la dation d'un crédit : il a acquis la propriété de ces effets. Lorsqu'une avance est faite en compte courant, nous voyons encore l'échange d'une remise contre un crédit, qui en est la contre-valeur. Il s'opère donc un transport de propriété, qui ne peut être le résultat du mode particulier de comptabilité employée, mais bien d'une convention sous-entendue. Cette convention n'est pas la seule : ces articles de crédit et de débit réciproques, qui correspondent aux remises, forment une masse indivisible jusqu'à la clôture du compte et à cette époque il s'opère une compensation générale, qui, nous l'avons dit, peut même comprendre des sommes non exigibles. C'est encore l'effet d'une convention sous-entendue. Le cours des intérêts est encore aussi le résultat d'une convention. Les parties, qui pour régler leurs affaires sont entrées en rapports de compte courant, ne se sont donc pas dans ces cas bornées à adopter une comptabilité spéciale : cette comptabilité est l'expression de tout un ensemble de conventions sous-entendues dans les usages du commerce et destinées à produire certains effets de droit ; ce sont ces conventions qui constituent l'existence juridique des comptes courants. Mais de ces diverses conventions les unes sont essentielles, en ce sens qu'elles sont nécessaires pour que les parties puissent réaliser le but qu'elles se proposent en entrant en relations de compte courant, tandis que d'autres sont purement accessoires ou ne sont que des conséquences des premières. Celles de ces conventions qui sont essentielles, sont celles qui ont pour objet le transport de propriété des remises en échange de crédits donnés au remettant, la novation des créances passées en compte courant et auxquelles se substituent également des articles de crédit, et enfin la confusion en une seule masse indivisible des articles de crédit et de débit réciproques correspondant à l'entrée en compte de ces remises et de ces créances. Le compte courant au point de vue du droit est la convention *sui generis* qui intervient entre les parties, en vue de réaliser ces trois effets de droit.

Nous avons donc pu déterminer la nature juridique du compte courant ; c'est cette convention *sui generis ;* il resterait maintenant à en donner une définition ; MM. Delamarre et Lepoitvin en ont donné une fort savante et très-complète, mais qui, à nos yeux, présente l'inconvénient d'être trop longue (1). C'est qu'en effet il est

(1) « Le compte courant est un contrat par lequel l'un des con-
» tractants remet à l'autre contractant ou reçoit de lui de l'ar-
» gent ou des valeurs, non spécialement affectées à un emploi
» déterminé, mais en toute propriété, et même sans obligation
» d'en tenir l'équivalent à la disposition de celui qui remet, en

très-difficile d'en donner une définition claire, brève et en même temps complète ; mais cette définition si difficile est-elle très-nécessaire ? Qu'on nous permette de penser que non : du moment qu'on a reconnu la nature juridique du compte courant et que l'on sait que c'est une convention destinée à produire certains effets de droit, que l'usage y attache, ne suffit-il pas d'analyser ces effets, de signaler ceux d'entre eux qui sont essentiels et ceux qui ne sont qu'accessoires, et qui varieront au gré des parties ? Nous pensons que l'étude des comptes courants sera alors complète et qu'une définition, désirable sans doute, y ajouterait peu de chose. Aussi croyons-nous pouvoir nous dispenser de donner une définition, qui ne serait certainement pas meilleure que celle que nous critiquons, et qui présenterait le danger de toutes les définitions qu'on a essayé d'en donner, celui de faire de cette institution régie par les usages et la convention des parties, un contrat idéal ne se réalisant pas dans la pratique.

Il nous reste, avant d'étudier les effets du compte courant, à examiner une question générale, celle de la capacité nécessaire chez les parties ; comme elles contractent, en s'engageant dans les relations de compte courant, des obligations réciproques, il faut dire qu'elles devront toujours avoir la capacité de s'obliger. Mais faut-il que les parties soient en outre et nécessairement

» un mot à la seule charge par celui qui reçoit d'en créditer le re-
» mettant, sauf réglement par compensation, à due concurrence,
» des remises respectives sur la masse entière du crédit et du
» débit. »

des commerçants? Nullement; sans doute, c'est dans le commerce surtout que se présente l'utilité des comptes courants, mais rien ne s'oppose à ce que deux particuliers aient recours à ce mode de règlement d'affaires; ce cas se présentera rarement; mais il arrive très-fréquemment qu'un compte courant existe entre un non-commerçant et un commerçant, un banquier, par exemple qui a fait une ouverture de crédit. Entre commerçants, le compte courant ayant pour objet le règlement d'affaires commerciales sera commercial et la présence dans le compte d'un article résultant d'une obligation civile ne dénaturera pas le caractère de l'ensemble des relations. Entre non-commerçants le compte courant sera considéré comme ayant un caractère civil ou commercial, suivant le caractère que présentera l'ensemble des opérations qu'il comprend. Enfin entre un non-commerçant et un commerçant, le compte courant pourra être civil et commercial à la fois, si les opérations, qui ont alimenté le compte, sont commerciales à l'égard de l'une des parties, à l'égard du commerçant, et civiles à l'égard de l'autre (Noblet, n° 223). — Il résulte de tout cela que le compte courant ne constitue pas par lui-même et nécessairement un acte de commerce : cela dépendra des circonstances. Nous verrons les conséquences importantes de ces principes au point de vue de l'application des règles de compétence et aussi au point de vue du taux de l'intérêt.

Nous diviserons notre étude de la manière suivante :

Nous examinerons d'abord les effets essentiels du compte courant : 1° le transport de propriété des remises; 2° la novation des créances; 3° l'indivisibilité de la masse des articles du compte; et dans chacun des chapitres que nous y consacrerons, nous aurons à étudier les conséquences qui s'y rattachent et qui sont nombreuses.

Nous nous occuperons ensuite des intérêts et du droit de commission, dont la perception donne lieu à des difficultés sérieuses.

Puis nous avons à étudier comment se clôt le compte courant et quelles sont les conséquence de cette clôture.

Enfin nous consacrons nos deux derniers chapitres à l'examen des garanties qu'on peut attacher à la créance du solde, et à l'exposé rapide de quelques questions que soulève, dans les comptes courants, la matière de la prescription.

CHAPITRE II.

TRANSPORT DE PROPRIÉTÉ DES REMISES EN COMPTE COURANT.

SECTION I. — *Du transport de propriété.*

Par la convention de compte courant les parties conviennent de se transporter la propriété des remises qu'elles se font à titre de compte courant. C'est là un élément essentiel du compte courant et qui le différencie d'un autre compte. En effet les sommes ou valeurs qui alimentent un compte sont nécessairement dans l'une des trois situations suivantes : ou le propriétaire qui les a remises a donné ordre de les tenir à sa disposition, ou il les a affectées entre les mains du détenteur à une destination spéciale, ou il lui en a transporté la propriété, sans leur donner aucune affectation. Dans le premier et dans le second cas il y a mandat ou dépôt et le compte est l'expression de ce contrat; dans le troisième il y a compte courant.

Cette nécessité du transport de propriété des remises en compte courant n'a pas été contestée, même par les auteurs qui n'ont vu dans le compte courant qu'un simple cadre de comptabilité, un compte ordinaire et rien de plus. M. Alauzet reconnaît que cet effet juridique s'opère et qu'il fournit l'explication de l'art. 574 du Code de commerce, sur lequel nous aurons à revenir plus loin; mais il le constate sans en donner la cause; cette cause, c'est la convention qui accompagne le mode de comptabilité spécial au compte courant; c'est l'accord intervenu entre les parties en vue de produire cet effet.

Les parties en relations de compte courant conviennent donc de se transporter la propriété des remises qu'elles se font. Mais il faut qu'au moment de chaque remise celui qui la fait ait la volonté de transférer à celui qui la reçoit le droit de propriété, et que celui qui la reçoit ait également la volonté de recevoir à titre de compte courant, c'est-à-dire d'acquérir ce droit de propriété. En principe, lorsque deux personnes sont en relations habituelles de compte courant, cette volonté commune se suppose; mais ce n'est qu'une présomption, qui peut être combattue par la preuve contraire;

car le fait seul de l'insertion au compte ne fournit pas un critérium suffisant, il arrive souvent que, pour l'ordre des affaires, on porte au compte des opérations, qui ne doivent pas en faire partie et qui resteront même en dehors des balances périodiques. C'est ainsi que dans les comptes courants ouverts à la Banque de France, on mentionne, parmi les remises portées au compte, les dépôts qui doivent pourtant rester en dehors des autres opérations (1).

Ainsi encore, il arrivera fréquemment que les parties se feront certaines remises, qui, soit de leur volonté commune, soit sur l'ordre exprès du remettant, resteront en dehors du compte ; par exemple un effet de commerce peut être transmis avec mandat d'en faire le recouvrement ou avec affectation spéciale à un paiement déterminé ; la remise alors n'est pas faite en compte courant. Seulement, si ce mandat ou cette affectation ne sont pas exprimés, l'insertion au compte fera présumer la remise en compte courant, à moins que la volonté contraire des

(1) Un article inséré au compte pourra même n'en pas faire réellement partie, quoique la remise qui y a donné naissance ait été faite dans l'intention commune des parties de s'en transférer la propriété; car il faut en outre que les parties aient été capables de consentir ou de recevoir cette transmission. C'est ainsi que la Cour de cassation a décidé que le banquier, qui a envoyé à son correspondant des effets en compte courant avec ordre de l'en créditer, peut demander contre la faillite de celui-ci la restitution de ces effets, s'ils ne sont arrivés à leur destination qu'à une époque ou celui-ci était incapable en droit (par suite de sa faillite), ou en fait (par suite de sa mort), de recevoir les effets de commerce et d'en donner crédit. Dans ce cas en effet il n'y a pu avoir accord de volontés (Cass. arrêt du 20 juillet 1844, Sir. Dev. 46, 1, 875. — Dall. 46, 1, 335.)

parties ne puisse être prouvée ; il y aura lieu à une question d'interprétation.

Pour les effets de commerce, on pourrait croire qu'il y aurait toujours un signe certain du transport de propriété et que, par suite, il serait facile de distinguer l'envoi d'un effet avec mandat d'en recouvrer la valeur et l'envoi en compte courant avec transmission de la propriété. La forme de l'endos ne fournirait-elle pas un *criterium* infaillible? L'art. 137 du Code de commerce soumet, en effet, à certaines conditions l'endossement translatif de propriété, et l'art. 138 ajoute : « Si l'endossement n'est pas conforme aux règles de l'art. 137, il n'opère pas transport, il n'est que procuration. »

Il semble donc, au premier abord, que ce transport de propriété de remises en effets de commerce serait facile à constater au moyen des signes particuliers de l'endossement régulier. Mais la pratique a admis qu'un endos régulier pourrait servir à de simples procurations, et réciproquement que l'endossement irrégulier, dans certains cas, servirait à une véritable transmission de propriété, et la jurisprudence semble avoir consacré cette pratique, du moins en ce qui concerne les rapports du cédant et du cessionnaire. L'art. 138 ne nous fournit donc qu'un élément de présomption.

Dans tous les cas, qu'il s'agisse d'une remise en effets ou d'autres remises, il faudra, en l'absence de manifestation expresse de volonté, recourir à tous les éléments d'interprétation qui pourront être produits. La correspondance commerciale guidera souvent le juge, soit en donnant des renseignements sur l'opération, objet du débat, soit en l'éclairant sur les relations habituelles des parties. Notons pourtant qu'il y a un cas où l'endossement d'un effet de commerce pourra impliquer sans aucun doute la transmission de propriété, c'est lorsqu'il sera accompagné d'escompte. L'endossement est un mode de tradition et l'escompte indique que la tradition est faite en vertu d'une vente de l'effet.

Les valeurs que les parties se remettent en compte courant, sont de natures diverses : l'objet des remises peut être du numéraire, de l'argent monnayé. On peut également remettre en compte des papiers ou effets de commerce, qui y seront portés avec leur valeur nominale ; dans certains cas, lorsqu'on ne soumet pas la réalité de la remise à la condition de l'encaissement, ils pourront y être portés pour une valeur inférieure. Les titres au porteur peuvent également entrer dans un compte courant, comme toutes les valeurs transmissibles, soit par endossement, soit par transfert ; mais il faudra leur attribuer une valeur conventionnelle fixe qu'on inscrira au crédit du remettant. Il y aura quelquefois une question d'intention à apprécier ; les parties ont-elles eu la pensée de remettre le titre en compte courant, ou en dépôt, ou à titre de gage et de nantissement ? Les circonstances de fait guideront le juge, et si, en cas de doute, la mise en gage ou en dépôt de titres doit être plus facilement présumée, rien n'empêche, si telle a été l'intention des parties, d'admettre l'entrée en compte des titres au porteur.

Des marchandises, des denrées peuvent également faire l'objet de remises en compte courant ; dans ce cas, ce qui est inscrit au compte, c'est la valeur conventionnelle de ces marchandises en vertu d'une estimation dont les bases sont arrêtées par les parties. C'est ce que l'on appelle le compte courant de marchandises.

Section II. — *Effets du transport de propriété des remises.*

§ 1. — Droit de libre disposition au profit du récepteur.

La propriété des remises étant transférée au récepteur, la première conséquence de ce fait est que celui-ci en a dès lors la libre disposition, en sa qualité de propriétaire. Si les valeurs ont été, au contraire, remises à titre de dépôt, de mandat ou de gage, le récepteur n'en devenant pas propriétaire, ou bien n'en devenant propriétaire qu'à la condition d'un emploi déterminé, ne peut en user librement, et l'emploi personnel qu'il en ferait constituerait le délit d'abus de confiance (art. 408 C. p.). On comprend alors l'intérêt qu'il peut y avoir en certains cas à savoir si les remises portées au compte courant ont été bien faites à titre de compte courant : s'il y a eu remise en compte courant, le récepteur a droit d'user comme bon lui semble de cette remise. Un arrêt de la Cour de cassation du 15 avril 1859 (Dalloz, 1859, I, 5) a nettement posé ce principe et décidé même que le récepteur en n'appliquant pas le montant d'un effet remis en compte courant à une destination convenue, avait manqué à ses obligations comme débiteur, mais que du moment où il n'y avait aucun doute sur l'entrée de l'effet en compte, il n'était pas coupable d'abus de confiance.

La même question s'est posée dans un procès célèbre dans les annales judiciaires : le banquier Mirès avait reçu de ses clients des valeurs au porteur, inscrites en compte courant, qu'il avait ensuite vendues et dont il avait touché le montant. La Cour de Paris releva dans ce fait le délit d'abus de confiance ; en outre, elle le condamna pour escroquerie, parce qu'après cette vente réelle, il avait exécuté ses clients, à une époque où les valeurs étaient en baisse. Cette vente simulée, accompagnée de manœuvres frauduleuses constituait le délit d'escroquerie prévu par l'art. 405 ; laissons de côté ce second chef pour ne parler que du premier : a quel titre les remises avaient-elles été faites ? A titre de dépôt et de nantissement, comme garantie des avances faites par le banquier, disait l'accusation ; à titre de compte courant, répondait la défense. Dans l'espèce, l'existence du compte courant était douteuse ; mais le principe que les remises en compte courant sont à la libre disposition du récepteur a été reconnu.

§ 2. — Extinction du droit de revendication (art. 575, c. comm.).

Le compte courant ayant pour effet de rendre le récepteur propriétaire des remises, il en résulte que si ces remises sont des effets de commerce, le remettant en perd la propriété et ne peut plus les revendiquer. Si le récepteur vient à tomber en faillite et qu'il ait encore entre les mains les effets qu'il avait reçus, le remettant aurait grand intérêt à les revendiquer, car il n'aura qu'un dividende au lieu de recouvrer sa créance entière. S'ils ont été remis en compte courant, il ne peut plus les revendiquer, tandis qu'il le pourrait, s'ils avaient été remis à titre de recouvrement, ou avec une affectation spéciale. On voit donc encore quel intérêt il y a à distinguer dans un compte courant, si les remises qui y sont portées sont bien entrées dans le compte. Cette solution résulte de l'art. 574 C. comm. « Pourront être » revendiquées, en cas de faillite, les remises en effets » de commerce ou autres titres non encore payés, et » qui se trouveront en nature dans le portefeuille du » failli, à l'époque de sa faillite, lorsque ces remises » auront été faites par le propriétaire avec le simple » mandat d'en faire le recouvrement et d'en garder la » valeur à sa disposition, ou lorsqu'elles auront été de » sa part affectées à un paiement déterminé. » En dehors de ces deux cas, la revendication n'est pas possible, donc la valeur remise en compte courant ne peut être revendiquée. Les principes du compte courant sont d'accord avec cette solution tirée *a contrario* de l'art 574.

L'ancien article 584, abrogé par la loi de 1838, admettait bien aussi l'extinction de la revendication, en cas de remises en compte courant, mais à une condition, c'est que le remettant fût débiteur au moment de la remise; il y avait au contraire lieu à revendication, si les remises étaient entrées dans un compte courant par lequel le propriétaire était déjà créditeur. Cette distinction a été écartée avec raison, parce qu'elle reposait sur des considérations de fait étrangères au droit. Aussi l'art. 574 a-t-il remplacé l'ancien article 584 ; et dans tous les cas, la valeur remise en compte-courant n'est pas susceptible de revendication. Le rapporteur de la loi, M. Renouard, a motivé cette règle dans les termes suivants : « Les remises ainsi faites ne l'ont été ni à » titre de dépôt, ni à titre de mandat. Elles sont la » conséquence de la confiance accordée au failli, » et n'ont pu être que la conséquence d'un contrat » formel ou traité passé avec lui antérieurement à » la faillite. La personne qui, ayant suivi la foi du » failli, l'a volontairement constitué son débiteur, doit » être placée dans la même catégorie que les autres » créanciers avec lesquels il se trouve en compte. » Le système actuel est très-net : s'il y a entrée en compte courant, le remettant ne peut revendiquer, puisqu'il n'est plus propriétaire.

§ 3. — Dation d'un crédit au remettant.

L'obligation de donner crédit du montant des remises reçues n'est pas, à proprement parler, un effet du transport de propriété, c'est une obligation qui résulte de la convention même de compte courant. Mais, comme cette obligation a pour cause l'obligation de transport de propriété des remises, et que le crédit donné est la contrevaleur de la remise faite, nous rattachons aux effets du transport de propriété l'étude de ce crédit qui en est la conséquence.

Celle des parties, qui reçoit une valeur en compte courant, a le droit d'en disposer, mais elle doit en même temps la porter au crédit du remettant : ce n'est pas un accusé de réception, un reçu porté sur des livres, c'est une obligation que contracte le récepteur. — Le crédit doit être égal en valeur à la remise faite, car le crédit serait sans cela sans cause, au moins pour une partie ; si la remise consiste en valeurs auxquelles les parties conviennent d'attribuer une estimation conventionnelle, c'est cette estimation qui sera portée au crédit. Si ce sont des effets de commerce, on créditera le remettant du montant nominal de ces effets, à moins que les parties renonçant au bénéfice de la clause sauf encaissement, que nous allons étudier, ne préfèrent leur donner une valeur autre.

Lorsque la remise consiste en une somme d'argent, le transport de propriété accompagne immédiatement la remise, tout se maintient d'une manière définitive, et le crédit est définitif, comme la remise qui en est la cause ; mais quand on remet un effet de commerce en compte courant, on remet moins une valeur qu'un moyen de se procurer cette valeur, et la remise n'est en réalité définitive qu'au moment du paiement de l'effet ; le crédit ne semble donc définitif également qu'à ce moment. Si l'effet n'est pas payé à l'échéance, la remise se trouve n'avoir été que fictive ; le crédit donné au moment de la remise est-il définitif ? Cette question est fort importante et a donné lieu à des controverses qui semblent aujourd'hui tranchées, mais que nous allons exposer.

Nous écarterons d'abord le cas où les parties ont, au moment de la remise, prévu l'hypothèse où cet effet serait impayé, et déterminé les conséquences qui en résulteraient : ou bien elles ont stipulé au moment même de la remise, que le crédit donné en échange ne deviendrait définitif que par le paiement de l'effet à l'échéance, ou bien elles sont convenues que le crédit serait définitif, quel que soit le sort de l'effet. Au premier cas, il y a eu remise *sauf encaissement*; s'il y a paiement de l'effet, s'il y a *encaissement*, le crédit est définitif ; s'il n'y a pas encaissement, la remise est considérée comme nulle, et le récepteur annule le crédit donné en échange, au moyen de ce que, dans la pratique, on appelle une *contre-passation d'écritures* : il porte au débit du remettant le montant de l'effet et lui remet l'effet impayé ; le crédit se trouve ainsi annulé par un débit égal. Dans le second cas, les parties, ayant déclaré la remise définitive, le crédit est définitif : le récepteur se soumet à tous les risques et en cas de non-paiement à l'échéance, il supportera les conséquences de sa témérité; le crédit donné par lui sera maintenu et il n'aura qu'à essayer de tirer de l'effet le plus qu'il pourra.

Mais si les parties n'ont rien stipulé, la question se pose de savoir si l'on doit ou non considérer la clause, sauf encaissement, comme sous-entendue ? Cette question ne paraît plus aujourd'hui discutée, et la jurisprudence a ratifié l'opinion de la majorité des auteurs, en se prononçant dans le sens de l'affirmative. Ainsi, quand un effet remis en compte courant n'est pas payé à l'échéance, le récepteur a le droit d'annuler le crédit par lui donné et de contrepasser les écritures. On avait invoqué contre ce système plusieurs arguments de droit et de fait que nous allons examiner.

D'abord on observait qu'en vertu des art. 136 et 187 du Code de commerce, l'endossement transportait la propriété des lettres de change et des billets à ordre. La remise d'un effet, que ce soit en compte courant ou autrement, en transporte donc, par l'endossement translatif de propriété, la propriété définitive, à moins que les parties, par une convention expresse, n'aient déclaré faire des réserves à cet égard ; à défaut de réserves de ce genre, l'on doit penser que le récepteur a pris l'opération à ses risques. Or le compte courant n'est qu'un ensemble de remises successives, dont la multiplicité et la réciprocité ne peuvent en changer le caractère, ni modifier le droit commun : Chacune des remises a été transportée en pleine propriété, et l'on ne peut, par la raison que cette remise a été faite en compte courant, annuler cette transmission. — On répond à l'argument tiré des art. 136 et 187 que, s'il est vrai qu'à moins de réserves le transport de propriété soit définitif, ces réserves résultent des relations de compte courant ; le crédit dans la pensée du négociant doit correspondre à un encaissement réel ; si la remise a une valeur éventuelle, crédit provisoire en est donné, et si ce crédit est purement nominal et illusoire, le transport de propriété qui avait été effectué en échange d'un crédit réel doit disparaître. En transférant la propriété d'un effet contre un crédit, les parties soumettent l'acquisition de la propriété à une condition résolutoire, la réalité du crédit ; la réserve expresse dont on parlait consiste dans la passation en compte courant. Quant à la seconde considération invoquée, à savoir que le compte courant n'est qu'une série de remises successives et réciproques, ceci est contraire à l'essence même du compte courant, qui fond en une seule masse toutes les opérations qu'il comprend : toutes les remises se tiennent et s'enchaînent, et dès lors il n'y a rien d'étonnant à ce que ces remises cessent d'être soumises aux règles ordinaires et tombent sous l'application des règles particulières des comptes courants. « Autre chose, dit M. Massé, est l'endossement considéré en lui-même, autre chose l'endossement qui, lorsqu'il a pour objet de faire entrer la valeur d'un effet négociable dans un compte courant, n'est plus qu'un des éléments particuliers de l'affaire générale, dont le compte courant présente les résultats. »

On ajoutait en outre que le récepteur avait un moyen bien simple d'éviter le danger que lui ferait courir une entrée définitive au compte de la valeur : il peut stipuler la clause sauf encaissement. — Nous répondrons que le silence des parties s'explique facilement ; on n'a rien réservé parce que tel est l'usage du commerce et qu'il est contraire aux bonnes relations, que suppose le compte courant, de manifester une défiance qui pourrait blesser de justes susceptibilités. La cour de Douai dans un arrêt du 5 mars 1845 (Sir. 1845. II. 268) a développé cette considération que justifie la nature des relations ordinaires de compte courant. En effet, presque toujours, celui qui reçoit une valeur à ce titre n'en a aucun besoin ; c'est un service qu'il rend au remettant en présentant les effets à l'échéance, et il est bien naturel de croire que le crédit qu'il a donné dans ces conditions était subordonné à l'encaissement ; si l'on comprend qu'un créancier accepte en paiement des effets sur des tiers, consentant par novation à transformer sa créance primitive en lui substituant une autre créance, il est plus difficile de concevoir que l'on donne un crédit définitif contre une remise aléatoire.

C'est pour ces diverses raisons que l'on a consacré par une jurisprudence, désormais constante, cet usage du commerce, qu'*entrée en compte courant n'est donnée que sauf rentrée*. Cette maxime a acquis force de loi, et dans le silence des parties, on doit présumer qu'elles ont entendu se soumettre aux usages ordinaires pratiqués en compte courant ; d'ailleurs le principe de la corrélativité du débit et du crédit, amène forcément cette conséquence : là où il y a crédit illusoire, il ne peut y avoir débit effectif. Aussi la clause sauf encaissement est-elle considérée comme sous-entendue, quand les parties n'ont pas manifesté d'intention contraire. Mais un point qui reste toujours controversé, c'est celui de savoir quels sont les effets de cette clause, et à raison de l'importance et en même temps des complications que présente cette question, nous pensons devoir en faire l'objet d'une section à part dans notre chapitre.

Section III. — *Effets de la clause sauf encaissement.*

§ 1. — Les parties ne sont pas en état de faillite au moment de l'échéance.

Il faut distinguer deux hypothèses :

1° Le récepteur a conservé les effets. — Le récepteur

qui a reçu en compte courant un effet dont il a crédité le remettant, conserve cet effet et le présente à l'échéance au souscripteur; celui-ci ne paie pas; alors le récepteur, en vertu de la clause sauf encaissement, peut annuler le crédit en contrepassant les écritures et en rendant l'effet au remettant; il devra seulement justifier qu'il a fait les diligences nécessaires, et que le défaut de paiement n'est pas imputable à sa négligence. Mais il peut aussi, au lieu d'invoquer le bénéfice de cette clause, maintenir son crédit et poursuivre son cédant, le remettant, en vertu du recours accordé par la loi au porteur d'un effet contre tout endosseur; en agissant ainsi, il indique qu'il considère la remise comme sérieuse et constituant une cause suffisante du crédit qu'il a donné; le crédit est alors définitif, parce qu'il y a, comme on l'a fait observer, une sorte d'encaissement : en exerçant l'action de recours qui doit lui faire obtenir le montant de l'effet impayé, il est censé obtenir cette valeur même « *Qui actionem habet ad rem recuperandam, rem ipsam habere videtur.* » (Note du *J. du Pal.* 1848, t. II, p. 1.)

2° *Le récepteur a négocié les effets.* — Dans ce cas, il y a eu encaissement, puisqu'au moment de la négociation, le récepteur a touché la valeur de l'effet, prix de cette cession. Mais si à l'échéance le porteur n'obtient pas le paiement, il peut recourir contre ses cédants, soit contre le récepteur, son cédant immédiat, soit contre le remettant, précédent endosseur, soit enfin contre tous les deux. Au premier cas, si le récepteur est poursuivi, il est obligé de restituer le prix qu'il avait reçu, et il se trouve dans la même situation que s'il avait conservé les effets sans obtenir de paiement à l'échéance; car les traites sont revenues entre ses mains, moyennant remboursement du prix de cession. Il pourra alors à son gré user du bénéfice de la clause sauf encaissement, ou poursuivre son cédant comme porteur. Au second cas, si le remettant poursuivi par le porteur acquitte le montant de l'effet, le récepteur, qui, en négociant, a touché la valeur de l'effet, a encaissé, et le crédit donné est définitif. Enfin, si tous deux sont poursuivis, il y aura encaissement ou non-encaissement, selon que le paiement sera effectué par le remettant ou le récepteur.

Ces solutions sont simples, mais on s'est demandé si le récepteur pourrait invoquer la clause sauf encaissement, lorsqu'il aurait en créditant le remettant du montant de l'effet, escompté ces effets. Au lieu de porter au crédit l'effet pour son montant intégral, soit 1,000 fr., valeur à l'échéance, il escompte la valeur et porte au crédit l'effet pour la somme nominale qu'il représente diminuée des intérêts que cette somme produirait du jour de la remise jusqu'au jour de l'échéance, soit pour 995 fr. Dans le 1er cas, à dater de l'échéance les intérêts courent au profit du remettant, calculés sur un capital de 1,000 fr.; au second ils courent du jour même de la remise, mais sont calculés sur un capital de 995 fr. Supposons donc que l'effet ainsi escompté et porté en compte pour une valeur de 995, ne soit pas payé à l'échéance, le récepteur pourra-t-il contrepasser les écritures et annuler le crédit de 995 fr. en restituant l'effet?

L'escompte, a-t-on dit, est un véritable achat de l'effet : il y a eu vente et le prix de vente porté au crédit est une remise définitive ; donc le crédit est définitif. Nous ne pensons pas que l'on doive admettre cette opinion ; lorsque l'endossement n'est pas accompagné d'escompte, il y a un transport de propriété tout aussi définitif et tout aussi absolu, et pourtant on admet la possibilité de l'annulation du crédit ; il n'y a donc pas de raison de distinguer les deux cas. D'ailleurs l'escompte, dans l'espèce, n'a été qu'un simple procédé de comptabilité, destiné à simplifier les écritures ; au lieu de porter au compte le montant intégral de l'effet, sauf à ne lui faire produire d'intérêts qu'à la date de l'échéance, on lui fait porter des intérêts du jour de la remise, en déduisant du capital le montant des intérêts qu'il produit dans le temps qui s'écoule entre le jour de la remise et celui de l'échéance : on parvient ainsi à donner aux intérêts un point de départ unique, celui de la remise ; tel a été le but de l'opération. C'est en considération de ce caractère que la Cour de cassation a rejeté le pourvoi formé contre un arrêt de la cour d'Orléans, rendu dans notre sens (Orléans, 4 août 1857 ; Cass., 16 mars 1858 ; *J. du P.*, 58, p. 157).

Quand les parties sont *in bonis*, il importe peu au récepteur d'agir comme porteur, ou d'invoquer la clause sauf encaissement, mais quand, au moment de l'échéance, le remettant se trouve en état de faillite, la question présente un grand intérêt, parce que le résultat sera très-différent suivant le parti que prendra le récepteur, et nous allons voir si les solutions que nous avons données sont modifiées par la survenance de cette faillite.

§ 2. — Le remettant est en état de faillite au moment de l'échéance.

Comme dans le paragraphe précédent, nous distinguerons deux hypothèses, celle où le récepteur a conservé les effets, et celle où il les a négociés.

1re *hypothèse.* — Le récepteur a conservé les effets. — Pour bien préciser l'intérêt des questions que nous aurons à résoudre, nous prendrons des chiffres et des dates. Bernard et Raymond sont en relations de compte courant : le 5 janvier, Bernard remet en compte un effet de 2,000 fr., payable à 30 jours de date, et Raymond l'en crédite ; le 30 janvier, Bernard tombe en faillite, et le compte se trouve arrêté et se balance par un solde de 1,000 fr. au profit de Bernard ; le 5 février l'effet de 2,000 fr. dont Bernard a été crédité, n'est pas payé ; quel sera alors le droit de Raymond ?

D'abord pourra-t-il invoquer la clause sauf encaissement ? S'il se présente comme porteur, il obtiendra un dividende pour 2,000 fr. et son crédit étant définitif, il devra d'autre part 1,000 fr. à la faillite, en vertu de l'arrêté de compte. S'il peut contrepasser les écritures et annuler son crédit, il rend les effets impayés ; mais le compte, au lieu de se balancer par un solde créditeur de 1,000 fr. au profit de Bernard, se solde par suite de l'annulation du crédit de 2,000 fr., par un reliquat de 1,000 fr., au profit de Raymond. Le compte, au lieu de le constituer débiteur de la faillite, le constitue créancier. Tel est l'intérêt, mais a-t-il le droit d'agir ainsi ?

On a soutenu que la faillite du remettant lui enlevait le droit d'user du bénéfice de la clause sauf encaissement. La faillite, a-t-on dit, a pour conséquence de donner naissance à une situation nouvelle ; elle crée une masse dont les droits et obligations sont différents de ceux du failli ; la masse est un tiers qui n'a pas contracté avec le récepteur et n'a envers lui aucune obligation ; vis-à-vis d'elle, celui-ci ne peut donc se prévaloir de son droit, comme il aurait pu le faire vis-à-vis du failli. — Il est vrai que l'effet de la faillite est de substituer une personnalité juridique nouvelle à celle du failli, et que, dans certains cas, les obligations du failli seront nulles à l'égard de la masse, qui pourra ne pas les respecter ; nous en avons des exemples dans les articles 446 et 447 du Code de commerce ; mais c'est seulement au cas de fraude que la loi considère ainsi la masse comme un tiers, et, en dehors de ces cas exceptionnels qu'elle prévoit, elle considère la masse des créanciers comme représentant le failli, comme acquérant ses droits et comme succédant aux obligations valablement contractées par lui et sans fraude. Elle devra donc respecter les droits légitimement acquis par les tiers, avant la faillite, et à ce titre, elle ne pourra s'opposer à l'exercice de ces droits. Le récepteur d'un effet en compte courant avait avant la faillite donné au remettant un crédit sous condition résolutoire, sauf encaissement ; la condition se réalise après la faillite ; il a dès lors un droit acquis à se prévaloir de cette condition et à annuler le crédit, en vertu de la convention librement intervenue avant l'époque de la faillite. L'événement de la faillite ne peut annuler rétroactivement cette convention, dont les effets se produisent sans doute postérieurement à la faillite, mais qui a été consentie antérieurement sans fraude; il y a droit acquis.

On a objecté en second lieu que l'annulation du crédit a pour effet d'ouvrir à nouveau le compte que l'événement de la faillite a définitivement clos, et que l'exercice de la clause sauf encaissement, constitue en réalité une demande à fin de compensation, puisque, par le renvoi de l'effet impayé, le récepteur annule le crédit du remettant. Le récepteur est créancier par suite du non-paiement, il est débiteur par suite du crédit donné par lui : en contrepassant les écritures, il ne fait, dit-on, que compenser sa dette avec celle du failli. Or la compensation est interdite aux créanciers du failli, après la déclaration de faillite. Cet argument repose sur une fausse application du caractère de l'opération. En contrepassant les écritures, on ne fait pas entrer un nouvel élément dans le compte arrêté, on n'opère pas davantage une compensation, on rectifie le compte. En effaçant du crédit l'article relatif à l'effet impayé, on efface un article qui avait été à tort porté au compte, puisqu'il y était entré sous une condition résolutoire maintenant réalisée, et l'on ne modifie pas la situation respective des parties, telle que l'arrêté de compte l'avait faite; l'arrêté de compte avait été seulement entaché d'une erreur qui exige sa rectification.

Enfin, on a invoqué le caractère de la loi des faillites, qui est avant tout une loi d'égalité entre tous les créanciers, et l'on a vu dans l'exercice de la clause sauf encaissement, la reconnaissance d'un privilége au profit du récepteur à l'encontre de ses cocréanciers. Il n'y a pas là de privilége : le récepteur ne fait que réclamer l'exécution d'une obligation contractée de bonne foi ; il demande à n'être pas considéré comme débiteur, alors que la condition résolutoire, à laquelle était subordonnée sa dette, s'est réalisée ; il n'y a donc là que l'application de règles de droit communes à tous les créanciers, et l'égalité que la faillite établit entre eux n'est nullement violée.

Nous croyons donc pouvoir dire que la faillite du remettant n'enlève pas au récepteur le droit d'annuler le crédit donné en échange d'un effet impayé; la faillite ne peut avoir la force d'annuler une convention antérieure consentie librement et sans fraude; l'exercice de la clause sauf encaissement, qui n'en est que l'exécution, devra donc être admis (Massé, *Droit commercial*, t. IV, n° 2307). Notons seulement que si le récepteur peut ainsi débiter le remettant du montant des effets, il ne pourra le débiter en outre des frais de protêt ou autres frais légitimes auxquels a donné lieu le non-paiement à échéance ; ces frais constituent une créance nouvelle, postérieure à la faillite, pour laquelle il ne pourra produire que comme tout créancier; agir autrement serait faire entrer dans le compte un élément nouveau, et la clôture du compte opérée par la faillite s'y oppose complétement. Cette opinion soutenue par M. Massé (*Revue de législation*, 1846, t. III, p. 114) a été combattue par M. Feitu qui considère ces frais comme un accessoire obligé du défaut de paiement, et dont le remboursement par voie d'inscription au compte a été tacitement convenu. Nous pensons que les principes de la faillite ne permettent d'accorder qu'un dividende pour ces frais : l'annulation du crédit résulte de la transmission antérieure à la faillite, la réclamation des frais a son origine dans un fait postérieur, le non-paiement ; on ne peut donc les contrepasser.

Nous admettons donc pour le récepteur le droit de contrepasser les écritures, même en cas de faillite du remettant ; il peut, en outre, cela est bien évident, renoncer à ce droit, maintenir comme définitif le crédit par lui donné et se présenter à la faillite comme porteur de l'effet. Il exercera alors les droits ordinaires d'un porteur sérieux, pourra agir contre tous les signataires et bénéficiera de l'art. 542 C. comm., qui l'autorise à produire pour le montant intégral dans les faillites des souscripteurs précédents, jusqu'à entier payement. Il pourra ainsi arriver qu'il ait avantage à se présenter en cette qualité.

Il a donc toujours le choix entre ces deux partis, malgré la faillite du remettant ; mais on peut se demander s'il ne peut pas agir encore autrement, et si, après avoir produit à la faillite comme porteur et obtenu un dividende, il n'a pas le droit pour le surplus d'annuler le crédit. Voici en reprenant les chiffres, dont nous nous sommes servis tout à l'heure, l'intérêt qu'il aurait à suivre cette marche. Raymond, récepteur de l'effet non payé, viendrait produire à la faillite, comme porteur, pour les 2,000 fr. montant de l'effet; il obtiendrait un dividende que nous fixerons à 500 fr. (la faillite étant supposée donner 25 p. 0/0); puis il viendrait dire : la remise de l'effet n'était sérieuse que pour 500; puisque l'encaissement auquel j'avais subordonné mon crédit n'est que de 500; mon crédit n'est définitif que jusqu'à concurrence de cet encaissement, et, pour le surplus, pour 1,500, j'annule le crédit. Le compte qui se soldait au profit de Bernard pour 1,000, se trouvera constituer en ma faveur un reliquat de 500, pour lequel je produirai à la faillite. On voit de suite l'avantage de cette manière de procéder : au lieu d'obtenir 250 francs en annulant simplement le crédit pour les 2,000 francs, Raymond obtient d'abord 500 francs comme porteur, puis 125 comme créancier du solde de 500 francs, que l'annulation du crédit établit en sa faveur : en tout 625 francs au lieu de 250 francs.

Ce procédé nous semble inadmissible, car, du moment que Raymond se présente comme porteur, c'est qu'il considère la remise comme sérieuse et le crédit donné en échange comme définitif. Sans doute, il n'a pas reçu le montant intégral de l'effet; mais il l'avait demandé et il a été payé. Ce paiement a été effectué en monnaie de faillite, il est vrai, mais dans les rapports du récepteur avec le remettant ce paiement est un paiement intégral, qui ne permet plus de rien réclamer. Ce paiement est une fiction, mais une fiction de la loi, à laquelle il faut laisser produire ses effets. Nous pensons donc qu'il faut dire que le récepteur à un choix à faire entre les deux partis qu'il est autorisé à prendre : il peut annuler le crédit par lui donné, ou il peut se présenter comme tiers porteur ; mais il ne peut se prévaloir de ces deux droits cumulés. Du moment qu'il a fait son choix, il a épuisé tout son droit ; et si l'autre parti était préférable, il ne peut s'en prendre qu'à lui-même, qui aurait dû prévoir les résultats de son option.

Nous avons supposé que le remettant était souscripteur unique de l'effet ; mais s'il y avait des souscripteurs précédents, il pourrait arriver que Raymond, porteur de l'effet impayé, s'adressât aux endosseurs qui précèdent le remettant : s'il se trouve ainsi payé, il y a encaissement et le crédit est définitif ; si, au contraire, ceux-ci sont également en faillite et qu'il n'en obtienne qu'un dividende, 500 par exemple, pourra-t-il s'adresser alors au remettant et lui dire : je vous ai donné un crédit de 2,000, je n'ai encaissé que 500, mon crédit est donc nul pour 1,500 ; je puis, en conséquence, contrepasser les écritures jusqu'à concurrence de 1,500 ? L'affirmative au premier abord ne paraît pas douteuse, car rien n'est plus conforme à la fois aux principes et à la réalité des faits ; cette solution a été néanmoins contestée et nous devons examiner les arguments invoqués contre elle et dont nous trouvons l'exposition complète dans la thèse de doctorat de M. Dietz (p. 163 et suiv.).

Le récepteur, qui a obtenu un dividende de 500 de la faillite des précédents endosseurs, peut, dit-on (et cela n'est pas contesté), produire encore comme porteur à la faillite du remettant, pour le montant intégral de l'effet (art. 542 C. comm.); mais là se bornerait son droit : il ne pourrait pas contrepasser, et cela, pour deux raisons : 1° il y a incompatibilité entre les deux titres que peut à son choix invoquer le récepteur : la qualité de porteur ou le bénéfice de la clause sauf encaissement; or, en agissant contre les endosseurs, il s'est présenté comme porteur et, en cette qualité, a demandé le tout; son droit d'option est donc épuisé ; il ne peut se prévaloir d'un autre titre ; 2° pour contrepasser, il faut que les choses puissent être remises dans l'état où elles seraient, s'il n'y avait pas eu transmission des effets; elles ne peuvent plus l'être, puisque par son action le récepteur a privé le remettant du recours qu'il aurait eu contre les précédents endosseurs, si ceux-ci n'avaient pas été libérés par les poursuites du récepteur. Tel est, en résumé, le système exposé par M. Dietz : nous allons reprendre successivement les deux arguments présentés à l'appui.

Le récepteur non payé est, dit-il, soumis à une véritable alternative : il peut maintenir son crédit et agir comme porteur, ou bien rendre ces effets au remettant et annuler le crédit donné en échange ; mais il ne peut cumuler ces deux droits. Ceci est parfaitement exact et nous en avons conclu tout à l'heure à l'inadmissibilité de la prétention du récepteur, qui, après avoir poursuivi sont remettant comme porteur, demanderait à contrepasser pour ce qui lui resterait encore dû. Dans notre espèce, dit-on, le récepteur n'a pas sans doute agi contre le remettant; ce sont des tiers qu'il a poursuivis comme porteur; mais peu importe, il a pris qualité de porteur, et si, en réalité, il n'a pas été payé complétement, il a reçu un paiement intégral en monnaie de faillite; il est donc censé avoir encaissé. — Ce raisonnement nous paraît peu admissible : sans doute il a demandé le tout, et les tiers endosseurs sont réputés avoir payé le tout; mais cette fiction exacte dans les rapports de ces tiers avec le récepteur ou le remettant, ne l'est pas à l'égard du récepteur vis-à-vis du remettant : Le récepteur n'est pas censé avoir reçu le tout, puisqu'il peut encore se présenter comme porteur à la faillite du remettant; il sera donc fondé à dire au remettant : je n'ai pas pris de qualité contre vous; je puis à mon choix vous poursuivre comme porteur ou vous demander l'annulation du crédit que je vous avais donné sans cause, du moins pour une partie; j'ai encaissé 500, peu vous importe comment; je contrepasse pour les 1,500 impayés.

Mais, dit on, et c'est là le second argument, la source de cet encaissement intéresse fort le remettant, car, comme dans l'espèce il est le résultat de poursuites qui ont libéré les précédents souscripteurs, le remettant se trouve, par le fait du rôle joué par le récepteur, privé du recours qu'il aurait eu contre eux; sa situation s'est donc aggravée. — Ceci est peu exact : l'effet, qui n'a valu que 500 pour le récepteur, ne valait pas davantage pour le remettant, qui aurait toujours perdu 1,500 et le récepteur n'annule son crédit que pour 1,500; quant aux 500 touchés par le récepteur, il ne les perd pas, puisqu'au moment même où ils ont été touchés, cet encaissement a rendu définitif pour cette somme le crédit donné et qui, jusque-là, était provisoire pour le tout.

Dans le système que nous combattons, le récepteur qui, s'il n'avait rien touché, pourrait annuler son crédit pour le tout, ne le peut plus, parce qu'il en a touché une partie, peut-être très-minime. Aussi, M. Dietz s'empresse-t-il d'introduire un tempérament à cette règle rigoureuse. Le récepteur ne peut plus contrepasser, parce que les choses ne peuvent être remises en état, et que c'est là une conséquence de son fait ; mais, dit-on, il a un moyen de replacer le remettant dans la situation qu'il aurait eue, sans ces poursuites, c'est de lui rendre le bénéfice que devait lui procurer ce recours contre les endosseurs qui lui a été enlevé, c'est de lui restituer le dividende de 500 donné par les faillites des précédents endosseurs ; alors rien ne s'oppose plus à ce que le récepteur puisse contrepasser, et comme il se trouve n'avoir rien encaissé, il contrepassera pour le tout, pour 2,000.—Ce tempérament, déclaré nécessaire, nous semble la condamnation même du système dont il atténue la rigueur. Le récepteur, a-t-on dit, ne peut contrepasser, parce que son action contre les endosseurs entraîne de sa part un choix définitif entre les deux partis qu'il avait à prendre ; il a opté pour la qualité de porteur, il a par là même renoncé à se prévaloir du bénéfice de la condition résolutoire et il ne peut plus se présenter que comme porteur. Mais alors comment l'autoriser ensuite même au prix de la restitution du dividende, à revenir sur son option? Le remettant ne pourra-t-il s'y opposer? La base même du système proposée se trouve bouleversée.

On a invoqué l'équité : permettre au récepteur d'invoquer la condition résolutoire de la clause sauf encaissement, sans l'obliger à indemniser le remettant du recours qu'il avait droit d'intenter, c'est, dit-on, aggraver la situation du failli et en même temps accorder au récepteur un privilége sur les autres créanciers. Ces arguments d'équité nous touchent peu ; sans doute le remettant aurait eu un grand avantage à contrepasser pour 2,000 et ensuite à toucher 500 dans la faillite de ses précédents endosseurs ; mais en quoi a-t-il le droit de s'opposer à ce que le récepteur agisse autrement? On l'avait crédité de 2,000 en échange d'un effet qui valait 500, et il avait consenti à recevoir ce crédit de 2,000 sous la condition résolutoire de l'encaissement ; il ne fait que subir les conséquences de la convention qu'il avait faite. Le récepteur du reste ne cherche pas à réaliser un gain, mais à éviter une perte. Quant aux créanciers du failli, ils ne peuvent pas davantage s'opposer à l'exercice d'un droit acquis avant la faillite.

Nous déciderons donc que le récepteur, après avoir agi comme porteur contre les précédents souscripteurs, pourra contrepasser pour ce qu'il n'aura pas encaissé. Y a-t-il ou non encaissement? c'est le seul fait qui soit à considérer ; si l'encaissement est partiel, quelle est la partie non encaissée? Ce système conforme à la réalité des faits et à l'intention des parties, ne nous semble nullement infirmé par les considérations invoquées dans l'opinion contraire.

Nous pouvons donc résumer ainsi les différentes solutions à donner aux questions que soulève le non-encaissement, lorsque, le remettant étant tombé en faillite, le récepteur a conservé les effets. L'événement de la faillite n'enlève pas au récepteur le droit d'invoquer la clause sauf encaissement ; il peut également se présenter comme porteur. Il ne peut cumuler ces deux qualités et agir comme porteur contre le remettant et contrepasser ensuite, parce que par sa première action, il déclare maintenir le crédit et renoncer à se prévaloir de la condition résolutoire. La poursuite des endosseurs précédant le remettant ne modifie pas son droit vis-à-vis du remettant : il peut le poursuivre comme porteur, ou demander à annuler le crédit jusqu'à concurrence du non-encaissement.

2ᵉ *hypothèse*. — Le récepteur a négocié les effets. — Quand les parties sont *in bonis*, nous avons dit que le fait de la négociation des effets par le récepteur n'implique pas de sa part renonciation au droit de se prévaloir du bénéfice de la clause sauf encaissement. Si par suite du non-paiement des effets à l'échéance, le récepteur subit le recours de son cessionnaire et lui rembourse le prix de la cession, l'encaissement, qu'avait réalisé la négociation, disparaît ; il n'y a plus encaissement et la condition résolutoire, à laquelle était subordonnée la réalité du crédit, se réalise. Il pourra, et en dehors du cas de faillite l'intérêt de ce choix sera rare, agir comme porteur contre son cédant, le remettant, ou contrepasser les écritures et annuler le crédit donné.

La survenance de la faillite du remettant modifie-t-elle cette situation ? On a prétendu, comme dans la première hypothèse, que la faillite arrêtant le compte courant fixait d'une manière définitive ses résultats et interdisait toute modification de la balance du compte; que d'autre part, ce remboursement, que le récepteur avait été obligé de faire, le constituait créancier de la faillite à l'égal de tous les autres créanciers, et que c'était une créance nouvelle qu'il ne pouvait compenser avec ce qu'il devait au failli en vertu de son compte (Massé, *Rev. de législ.* 1846, t. III, p. 114). Quelques arrêts ont été rendus en ce sens (Cass., 9 janv. 1838, Sir. 38, 1. 517). Pour les mêmes motifs que ceux que nous avons donnés tout à l'heure nous repousserons ce système : l'arrêté de compte ne peut empêcher les rectifications qui résultent de l'entrée provisoire d'un effet en compte; le droit d'annuler le crédit non réalisé est un droit acquis antérieur à la faillite, et la négociation de l'effet n'avait réalisé le crédit que provisoirement, puisque l'encaissement, auquel il était subordonné, n'a lui-même été que provisoire. Le récepteur, en remboursant le prix de cession qu'il avait reçu, recouvre les effets impayés et se trouve identiquement dans la même situation que s'il n'avait jamais négocié; il est porteur des effets et n'a rien encaissé; il pourra donc, comme s'il avait conservé ces effets, agir comme porteur, ou annuler en vertu de la clause sauf encaissement le crédit donné sans cause réelle. Cette opinion, à laquelle s'est rallié M. Massé (*Dr. comm.* IV, n° 234), a été consacrée par la jurisprudence (Cass., 25 juin 1862, Sir., 1862, 1, 975).

Nous avons supposé que le récepteur avait subi le recours direct du tiers porteur, et avait dû lui rembourser tout son prix de cession. Mais, avant de poursuivre ainsi le récepteur son cédant immédiat, le tiers porteur peut, comme il en a le droit, s'adresser au remettant. Celui-ci, étant en état de faillite, n'acquitte pas le montant intégral de l'effet et ne donne qu'un dividende; le porteur recourt alors contre le récepteur qui acquitte le surplus ; le récepteur rembourse donc ainsi une partie du prix de sa négociation, qui avait réalisé un encaissement purement provisoire ; l'encaissement définitif est donc seulement partiel. Pourra-t-il demander l'annulation du crédit pour la portion du prix qu'il a remboursée, c'est-à-dire pour la fraction non encaissée de l'effet à lui remis ? Soit toujours un effet de 2,000 fr.; le tiers porteur produit à la faillite du remettant et en reçoit un dividende que nous supposerons être de 500 fr.; il recourt contre le récepteur qui lui rembourse 1,500 fr. sur les 2,000 fr. qu'il avait touchés au moment de la négociation; le récepteur se trouve donc n'avoir définitivement encaissé que 500 fr.; il y a non-encaissement de 1,500 fr. et encaissement de 500 fr.; peut-il annuler pour 1,500 fr. le crédit de 2,000 fr. par lui donné ?

Cette faculté lui est contestée : le remettant, dit-on, a payé l'effet, en monnaie de faillite, il est vrai ; mais intégralement, puisqu'il est libéré par ce paiement ; le récepteur ne peut se présenter comme porteur; il ne peut pas davantage annuler le crédit par lui donné, puisque le remettant a acquitté l'effet et qu'il ne peut être contraint de payer deux fois une même dette; or, c'est là le résultat injuste que produirait l'annulation du crédit. On en conclut que les 500 fr. que conserve le récepteur sont réputés constituer l'encaissement, dont on a fait la condition du crédit ; il y a donc encaissement, non-seulement quant le récepteur n'est pas forcé de rembourser le prix de la négociation, mais toutes les fois que le remettant, contraint de payer l'effet, s'est libéré (en ce sens, note du *J. du P.*, 1848, t. II, p. 1 et 2). Cet argument nous paraît reposer sur une analyse inexacte de l'opération qui consiste à contrepasser les écritures : ce n'est pas un paiement que réclame le récepteur ; il ne prétend pas être créancier, mais seulement n'être pas débiteur, puisque la condition résolutoire, à laquelle sa dette était soumise, s'est réalisée ; il n'y a pas eu encaissement. Dira-t-on que l'encaissement consiste dans le dividende payé par le remettant et que comme le paiement, l'encaissement est supposé intégral? ce serait introduire dans la loi une fiction qui n'y est pas, contraire à l'intention certaine des parties ; car il faut bien distinguer les obligations que contracte le remettant en vertu du contrat de change et celles qui résultent pour lui de la convention du compte courant ; nous ne pensons pas que les fictions introduites par la loi dans l'exécution des premières doivent être étendues à des cas qu'elle n'avait pas à prévoir. Nous dirons donc que le paiement du dividende produira cet effet, que le récepteur porteur des effets impayés, ne pourra se présenter comme porteur à la faillite du remettant : c'est là l'application des règles du contrat de change ; mais rien ne l'empêchera de réclamer le bénéfice de la convention de compte courant : il a donné crédit, sauf encaissement, il a encaissé 500 fr.

seulement ; il peut donc contrepasser pour le surplus non encaissé.

Il n'y a pas là l'idée d'un second paiement à effectuer par le remettant, et l'injustice qu'on signalait n'existe pas ; ce qui serait inique, ce serait de faire payer au récepteur une dette qu'il ne devait pas, et c'est le résultat du système que nous repoussons. — Un second argument a été présenté par les mêmes auteurs et développé par M. Dietz. Le récepteur, dit-on, subira les conséquences de son propre fait, la négociation ; en négociant, il s'est substitué un tiers qui, en agissant contre le remettant, exerçait des droits qu'il tenait du récepteur ; le récepteur, en créant ce porteur, a pris lui-même le rôle de porteur : il agit comme porteur par l'entremise, par l'intermédiaire de ce représentant qu'il s'est donné ; il ne peut donc plus contrepasser, puisqu'il a déjà agi comme porteur ; il est déchu du droit d'invoquer la clause sauf encaissement, parce qu'il a manifesté l'intention d'y renoncer en prenant ainsi la qualité de porteur (Dietz, thèse de doctorat, p. 172). — Nous répondrons que le tiers porteur tient ses droits, non de son cédant, mais bien du titre lui-même, et qu'il n'a pas agi comme représentant du récepteur, mais bien de son propre chef. On ne peut pas reprocher au récepteur d'avoir négocié l'effet à lui remis ; car il ne faisait qu'exercer un droit qui lui avait été donné par le remettant ; l'effet de commerce, étant un instrument de crédit, une monnaie de commerce, est par suite essentiellement transmissible, il est destiné à circuler. Nous n'avons pas du reste à insister sur ce point, puisque dans le cas où les parties étaient *in bonis*, nous avons admis que la négociation n'entraînait pas la renonciation à la condition résolutoire ; le fait de la faillite du remettant ne doit pas avoir pour conséquence de changer le caractère de cette opération.

M. Dietz propose encore ici le tempérament suivant : Si le récepteur ne peut pas contrepasser, c'est qu'il a agi comme porteur par l'intermédiaire de son cessionnaire, et qu'ainsi, par suite de son fait, les choses ne sont plus dans le même état qu'à la veille de la transmission ; on pourra donc l'autoriser à contrepasser s'il rétablit cette situation, en rendant au remettant la partie du prix de la négociation qui lui reste ; il se trouve ainsi n'avoir rien encaissé et peut contrepasser pour le tout. Le récepteur a négocié l'effet moyennant 2,000 fr., et a été obligé de rendre à son cessionnaire 1,500 fr. ; il pourra contrepasser en rendant les 500 fr. qui lui restent et qui représentent le montant du paiement qui a libéré le remettant. Celui-ci se trouve donc n'avoir rien payé, le récepteur n'avoir rien encaissé; il y a lieu à l'annulation du crédit de 2,000 fr. — Comme tout à l'heure, nous dirons que ce tempérament est la négation de l'argument sur lequel repose le système ; s'il ne peut y avoir annulation du crédit, parce qu'il y a eu de la part du récepteur option de la qualité de porteur, et par suite renonciation au bénéfice de la clause, comment admettre que l'on puisse l'autoriser à revenir sur ce choix qu'on dit être définitif?

Nous pensons donc encore que la seule solution à donner est celle qui est la plus simple; le récepteur contrepassera s'il n'y a pas encaissement ; il n'y aura encaissement que lorsque le récepteur de l'effet sera libéré vis-à-vis du tiers porteur et gardera le montant du prix de la négociation. Un jugement du tribunal de commerce de Bordeaux, confirmé par un arrêt du 3 janv. 1860 (*J. du P.*, 1860, p. 1134), a posé ce principe de la manière la plus nette et dans les termes les plus explicites : « Par encaissement, il faut entendre le » paiement intégral (par l'envoyeur), le seul qui puisse » libérer le réceptionnaire de l'effet du recours de ceux à » qui il a négocié ; c'est un abus que d'appeler encais- » sement le paiement d'un dividende aux mains du tiers » porteur par l'envoyeur..... Il n'y a véritable encais- » sement dans le sens exact de la convention et dans » l'intention des parties que lorsque le réceptionnaire » de l'effet se trouve libéré envers le tiers porteur ; dès » lors le paiement par le principal obligé ou par le cé- » dant du réceptionnaire, peut seul rendre définitif le cré- » dit provisoire donné en compte courant par ce dernier. »

Nous emprunterons à M. Dietz quelques chiffres qui permettent de mettre en lumière l'intérêt important qu'il y a à suivre l'un ou l'autre des systèmes que nous venons d'exposer. Supposons que le compte se balance par un solde de 1,000 fr. en faveur du remettant, que la faillite du remettant donne 25 0|0, et que l'effet remis en compte courant soit de 2,000 fr. ; le récepteur négocie et son cessionnaire produit à la faillite du remettant, dont il obtient un dividende de 500 fr. ; le récepteur, contre lequel il recourt, complète le montant intégral et lui paie 1,500 fr. Ce récepteur se trouve donc n'avoir encaissé que 500 fr. Si on lui interdit la faculté de contrepasser, comme il ne peut pas non plus agir comme porteur, il garde 500 fr. et maintient son crédit de 2,000 fr.; il perd 1,500 fr.

Si, admettant le tempérament de M. Dietz, on l'autorise à contrepasser pour 2,000 fr. en rendant les 500 fr. qui lui restent, le compte, par suite de cette opération, au lieu de se balancer par un solde de 1000 fr. contre le récepteur, se balancera par un solde de 1000 fr. en sa faveur; il obtiendra pour ce solde un dividende de 250 fr.; il perd donc seulement 750 fr. Enfin si on admet avec nous qu'il peut contrepasser pour 1,500 fr. et garder les 500 fr. qu'il n'a pas eu à rembourser à son cessionnaire, le compte se soldera en sa faveur par un crédit de 500 fr.; il touchera un dividende de 125 fr. Il aura donc touché en tout 625 fr.; il ne perd plus que 375 fr., au lieu de perdre 750 fr. dans le 2ᵉ système et 1,500 fr. dans le 1ᵉʳ.

Nous reprenons successivement les deux hypothèses de tout à l'heure : celle où le récepteur a conservé les effets, et celle où il les a négociés ; nous verrons que la faillite du récepteur n'apporte à nos solutions aucune modification.

§ 3. *Le récepteur et le remettant sont tous deux en état de faillite.*

1ʳᵉ *Hypothèse.* — Le récepteur a conservé les effets. — La faillite du récepteur succède aux droits et obligations du failli; elle pourra donc à son gré, comme le récepteur lui-même, poursuivre contre la faillite du remettant le paiement des effets en maintenant le crédit, ou annuler le crédit en contrepassant et en restituant les effets. Si les deux faillites donnent des dividendes inégaux, il y aura, suivant les cas, intérêt à prendre l'une ou l'autre part. Si par exemple la faillite du récepteur donne un très-faible dividende, soit 5 0[0 et que celle du remettant en donne un très-fort, 95 0[0, la faillite du récepteur se gardera bien de contrepasser; car elle préférera (nous prenons toujours les mêmes chiffres) produire pour 2,000 fr. et payer un dividende pour 1,000 fr., solde du compte, au lieu de produire seulement pour 1000 fr., solde créditeur qu'il établirait en sa faveur l'annulation du crédit. En prenant le premier parti, elle touche 1,900 fr. et paie 50 fr.; en contrepassant, elle touche simplement 950 fr. A l'inverse, si la faillite du récepteur donne un très-fort dividende et celle du remettant un dividende très-faible, on s'empressera de contrepasser.

Si le remettant n'est pas l'unique souscripteur de l'effet, nous admettrons, comme dans le cas où le remettant seul est en faillite, que la faillite du récepteur pourra, comme le récepteur lui-même, après avoir touché des dividendes des précédents endosseurs, contrepasser pour le reste du montant intégral de l'effet.

2° *Hypothèse.* — Le récepteur a négocié l'effet. — Cette hypothèse, en cas de faillite, présente un intérêt particulier, à cause de l'application qu'on y a voulu faire de l'art. 543 du Code de commerce. Le cessionnaire de l'effet produit aux deux faillites, et reçoit de chacune un dividende; quel est ensuite le droit de la faillite du récepteur? Peut-elle, comme l'aurait pu le récepteur lu-même, contrepasser pour ce qui n'a pas été encaissé, c'est-à-dire pour le dividende qu'elle a donné et payé sur le prix de la négociation? On a soutenu qu'il y aurait là un véritable recours de faillite à faillite, interdit par l'art. 543 C. c., un recours à raison de dividendes payés, alors qu'il s'agit de dettes, pour lesquelles les faillites étaient coobligées. On remarque d'autre part que le récepteur quand il contrepasse doit remettre les effets impayés, ce qui est impossible dans notre espèce, puisque le tiers porteur non complétement désintéressé les a gardés. (En ce sens, arrêt de la Cour de Nîmes du 4 mars 1848; Cour de cassation, 15 mars 1848; Sirey. 1842, I, 258.) — On a justement répondu qu'il ne s'agit pas ici d'un recours de faillite à faillite, d'une action en paiement; il ne s'agit que de créditer la faillite du récepteur d'une somme qu'elle n'a pas encaissée, de manière à annuler d'autant le crédit qu'elle avait donné, sauf encaissement, à la faillite du remettant. L'art. 543 est donc hors de cause, puisque la faillite du récepteur ne réclame pas le paiement du dividende par elle donné. Quant à l'argument tiré de l'impossibilité de la restitution des effets, l'on peut y répondre que l'annulation du crédit est subordonnée non à cette remise des effets, mais bien au non encaissement; cette remise n'est donc pas nécessaire et n'aura lieu qu'autant qu'elle sera possible; lorsque ces effets ne seront pas en possession du récepteur et qu'il n'y aura rien de ce chef à lui reprocher, l'annulation du crédit sera possible sans cette restitution qui ne peut avoir lieu. La jurisprudence semble du reste désormais fixée en ce sens et l'on a écarté l'application de l'art. 543, comme étant hors de cause. (Cass., 10 août 1851; Sirey, 1852, I, 620.)

Nous avons jusqu'ici examiné les effets de la clause sauf encaissement au point de vue du récepteur et nous avons implicitement admis que lui seul pouvait s'en prévaloir; mais cela a été controversé et il nous reste à établir que le remettant n'a pas le droit d'invoquer le non encaissement pour forcer le récepteur à contre-passer.

§ 4. Droit du remettant.

On a prétendu qu'en cas de non encaissement, le crédit était annulé *ipso jure*, et que le remettant pouvait alors contraindre le récepteur à lui restituer les effets impayés et à contrepasser. La clause sauf encaissement serait une clause introduite dans l'intérêt de l'une et l'autre partie, et dès que la condition de non encaissement s'est réalisée, le remettant pourrait exiger la restitution des effets et s'opposer au maintien du crédit. On en a donné deux raisons : 1° La clause sauf encaissement consiste en ce que l'effet non payé sera réputé n'avoir pas été transmis, le remettant voulait faire encaisser une valeur, l'autre n'en être comptable qu'à la condition de l'avoir encaissée ; si l'encaissement n'a pas lieu, le récepteur pas plus que le remettant ne peut se prévaloir de la transmission de l'effet qui est censée n'avoir pas eu lieu. 2° Le compte courant est un contrat réciproque qui nécessite l'égalité parfaite entre les deux parties ; il faut donc admettre que chacune d'elles a le droit de se prévaloir du bénéfice de la clause. En cas de faillite du récepteur, le remettant doit avoir également ce droit, qui lui importe beaucoup en pareil cas. (Paris, arrêt du 23 fév. 1850; *J. du Pal.*, 1850, t. I, p. 60.)

Ce système a été réfuté dans une excellente note de M. Noblet insérée au *Journal du Palais*, à la date de l'arrêt précité : « D'abord quand l'envoyeur adresse » des valeurs à son correspondant, c'est pour que celui- » ci les prenne; il a intérêt à ce qu'il les trouve bonnes; » la condition stipulée ou sous-entendue de sauf en- » caissement est donc uniquement en faveur du récep- » teur. D'autre part, le récepteur peut disposer, de la » manière la plus absolue, et, sans avoir besoin de » l'assentiment de l'envoyeur, des effets qu'il a pu » n'accepter que conditionnellement. Or si, d'une part, » la condition de sauf encaissement est uniquement dans » l'intérêt du récepteur, et si, d'autre part, celui-ci peut » disposer des effets comme bon lui semble, il suit de » là évidemment qu'il est libre de renoncer à cette » condition en gardant les valeurs comme en les négo- » ciant. Il n'a même pas de raison à donner. En quoi » l'envoyeur peut-il se plaindre, si le récepteur accepte » comme bonnes des valeurs qu'il lui a données pour » qu'il les trouvât bonnes? Le récepteur reste juge de » ses intérêts. » Quant à la réciprocité nécessaire dans la situation et les droits des parties, elle existera en ce sens que chacune d'elles pourra se prévaloir de la clause sauf encaissement, lorsqu'elle jouera le rôle de récepteur, puisque chacune est appelée tour à tour à remettre et à recevoir des valeurs en compte courant.

La Cour de Paris n'a pas persisté longtemps dans la jurisprudence qu'elle avait adoptée en 1850; un arrêt de la même cour du 22 janv. 1851 (*J. du P.*, 1851, t. I, p. 646) établit que le récepteur seul peut invoquer la clause sauf encaissement. (Dans le même sens., Cass., 5 fév. 1861, Sirey, 1861, I, 491.)

Cette question présente surtout de l'intérêt en cas de faillite du récepteur et c'est dans ce cas qu'elle s'est fréquemment posée, le remettant ayant grand intérêt à n'avoir pas pour débiteur le récepteur failli et à recouvrer les effets pour exercer les recours qu'ouvre le non-paiement de ces effets. Mais dans cette hypothèse, il y a une raison de plus pour écarter la prétention du remettant : c'est qu'en admettant le droit pour celui-ci d'invoquer la clause, on autorise une véritable revendication des effets contre la faillite du récepteur, et l'art. 574 s'y oppose. On répond que l'on est placé sous l'empire des règles du compte courant et que les principes de la revendication sont inapplicables dans l'espèce

L'historique de l'art. 574 fournit un argument sans réplique contre cette réponse. L'ancien art. 584 permettait la revendication d'un effet remis en compte courant, si le remettant était constitué créancier par le compte au moment de la remise. Le législateur de 1838 en supprimant cette règle a entendu défendre la revendication des effets transmis en compte courant; c'est ce qui ressort des discussions et des travaux préparatoires; les règles du compte courant sont donc dans cet art. 574, dont on prétend écarter l'application, parce que l'on est en compte courant. Dira-t-on qu'il ne s'applique qu'à des remises non conditionnelles et que dans notre cas il s'agit d'une remise conditionnelle? La loi ne permet pas cette distinction, et d'ailleurs, nous avons dit que la condition est dans l'intérêt du récepteur qui, en y renonçant, rend la remise définitive. Il nous semble donc qu'en permettant au remettant d'invoquer la clause sauf encaissement, dans notre espèce, il y aurait violation flagrante de l'art. 574; car, quel que soit le nom donné à l'action, le résultat serait une véritable revendication qui est interdite, de quelque manière que l'action soit introduite.

La clause sauf encaissement est donc une condition résolutoire qui, comme les conditions de ce genre basées sur l'inexécution du contrat, peuvent être invoquées par celui-là seul qui peut se plaindre de cette non exécution. Le remettant s'engageait à transmettre un effet d'une certaine valeur; si cette valeur n'est pas réelle, il manque à son obligation, et c'est le récepteur seul, souffrant de cette inexécution de l'engagement pris, qui peut demander la résolution de l'opération : seul il en a le droit; il peut donc y renoncer, si tel est son intérêt. Observons seulement qu'il ne pourrait plus y renoncer, s'il résultait d'un acte émané de lui qu'il a entendu en réclamer le bénéfice, qu'il a fait une option définitive entre les deux partis qu'il avait à prendre. Il en subira alors les conséquences et devra restituer les effets. Il y aura une question d'appréciation des actes dont on prétend induire la renonciation à la qualité de porteur; des espèces nombreuses et variées se sont présentées ; tout ce que nous pouvons dire d'une manière générale, c'est que la *contre-passation* sur les livres, pour employer le terme consacré par l'usage, ne sera pas toujours un critérium suffisant, parce qu'il n'y a là qu'une opération de comptabilité, dont le remettant ne peut se prévaloir, qu'autant que ces écritures lui ont été soumises ; jusque-là le récepteur n'est pas engagé.

CHAPITRE III.

NOVATION DES CRÉANCES PASSÉES EN COMPTE COURANT.

Lorsqu'une créance est passée en compte courant, cette créance se trouve éteinte par une véritable novation ; elle est remplacée par un article de crédit, destiné à former l'un des éléments d'une nouvelle créance, celle qui résultera de la balance de tous les crédits avec tous les débits. Nous examinerons, dans une première section de ce chapitre, en quoi consiste cette novation et quelles en sont les conditions ; dans une seconde section, nous en étudierons les effets.

SECTION I. — *Quel est l'effet novatoire du compte courant?*

Bernard doit 1,000 fr. à Raymond pour prix de marchandises à lui vendues par Raymond ; il est convenu entre eux que cette créance est passée en compte courant : Raymond est crédité du montant de sa facture et Bernard n'est plus débiteur du prix, il en est débité. De même, supposons que Bernard soit un commissionnaire qui a vendu pour le compte de Raymond des marchandises ; il est comptable du prix qu'il en a touché ; on convient de passer en compte courant la créance de Raymond le commettant : Bernard n'est plus débiteur à raison du contrat de commission, il est débité en compte courant. Dans ces deux cas, que nous donnons à titre d'exemples, la créance primitive, née du contrat de vente, ou du contrat de commission, se trouve éteinte, et la cause de cette extinction est la novation, qui résulte de la substitution d'un article de crédit à la créance; il y a une novation par changement de créance. La novation, qui se produit dans cette circonstance, n'a pas été admise par tout le monde, et l'on a nié cet effet du compte courant. On objecte d'abord qu'un crédit n'est pas une créance et que la condition essentielle d'une novation par changement de créance, c'est qu'il y ait substitution d'une créance à une autre créance, et non d'un article de crédit à une créance. On a ajouté que, même en admettant que le crédit soit une créance d'une nature particulière, quant à son inexigibilité, du moins ce n'était pas une créance nouvelle, mais simplement l'ancienne créance affectée d'une certaine modalité. Le créancier ne perdrait pas son droit à sa créance, mais seulement son droit d'action isolée. En résumé, on prétend qu'il n'y a pas novation produite par le compte courant, parce qu'un crédit n'est pas une créance, ou tout au moins parce qu'il ne constitue pas une créance nouvelle (1).

La réponse nous semble facile : sans doute un article de crédit n'est pas une créance ordinaire; c'est plutôt l'élément d'une créance à naître, celle qui résultera de la balance de tous les articles du compte, et en ce sens, l'on peut dire que la novation qui se produit par cette substitution n'est qu'une espèce de novation, « une novation de titres, » comme l'a appelée Pardessus (2). Mais ce qu'il y a de certain, c'est qu'il y a quelque chose de nouveau : le rapport juridique qui existait précédemment entre les parties est remplacé par un rapport d'une autre nature : ce qui était dû à titre de vente, ou en vertu d'un contrat de commission, cesse d'être dû, et, au lieu d'un débiteur, nous trouvons un débité en compte courant; il y a eu une convention substituée à une autre convention. Dira-t-on qu'il n'y a dans le crédit qu'une modalité affectant la créance primitive et que le crédit n'est autre chose que cette créance elle-même? Cela serait vrai, si l'on avait seulement suspendu l'exigibilité et l'exercice du droit d'action attachée à la créance; mais on a fait plus : on a substitué l'action en paiement du solde à l'action née de la créance primitive, qui s'éteint, disparaît avec sa nature, ses éléments, ses caractères, pour venir s'absorber dans l'action spéciale et nouvelle qui naîtra du compte courant. Il y a deux actions distinctes, dont une seule subsiste, parce qu'il y a deux créances distinctes et que

(1) Recueil de l'Acad. de législ. de oulouse, t. XII, p. 420.
(2) Pardessus, Droit commercial, t. I, p. 89.

l'une d'elles est éteinte; du moment qu'on reconnaît que l'entrée en compte courant d'une créance emporte l'exclusion du droit d'action isolée, il nous semble impossible de ne pas en tirer cette conséquence, qu'il y a eu une novation.

Mais il faudrait se garder de croire que toute créance mentionnée dans un compte courant soit par là même éteinte et novée. La novation, dit l'art. 1273, ne se présume pas; il faut qu'il y ait de la part des parties volonté de nover. Cette volonté, qui n'a pas besoin d'être exprimée, est manifeste dans l'entrée d'une créance en compte courant; car il y a entre les deux créances, dont l'une est substituée à l'autre, incompatibilité complète; on ne peut pas devoir un même objet à titre de vente et à titre de compte courant; or l'incompatibilité entre les deux créances équivaut, dit M. Massé (1), à une convention expresse de la volonté de nover. Seulement, il faut que les parties aient eu l'intention de faire entrer la créance en compte courant ; la mention qui en est faite dans le compte doit faire supposer cette intention, mais il peut se faire que les parties n'aient mentionné la créance dans leur compte que par des motifs de régularisation d'écritures, sans vouloir l'éteindre et lui enlever les garanties dont elle peut être munie. Dans ce cas, la volonté des parties doit être respectée et cette créance, quoique figurant dans l'addition des crédits et influant sur le solde, ne sera pas novée ; le principe de l'effet novatoire du compte courant n'en subit

(1) Massé, Droit commercial, t. IV, n° 2195.

aucune atteinte ; car il n'y a pas alors novation, parce que la créance n'est pas entrée dans le compte ; elle est portée aux écritures, mais elle ne fait pas partie du compte courant lui-même. Nous dirons que les créances portées en compte courant sont novées, à la condition que les parties n'aient pas manifesté une volonté contraire; auquel cas elles ne seraient pas entrées en compte.

Quelques arrêts nous fournissent une application de cette idée : nous citerons l'un d'eux seulement, intervenu dans l'espèce suivante : Une étude de notaire avait été vendue moyennant un prix payable par annuités de 10,000 fr. ; un compte courant était intervenu pour le règlement des affaires que faisaient entre eux le vendeur et l'acheteur, et dans ce compte, au milieu de toutes les opérations, on portait régulièrement ce qui restait dû sur le prix de l'office. Avant le paiement intégral, l'acheteur vint à mourir et le vendeur demanda son paiement avec privilége du vendeur sur le prix de revente. Les héritiers de l'acheteur objectaient que la mention de cette créance au compte courant avait opéré novation et que le privilége du vendeur était éteint. La cour de Douai n'admit pas cette prétention et par arrêt du 29 juillet 1856, décida qu'il n'y avait pas novation. La cour de cassation rejeta le pourvoi formé contre cet arrêt, en motivant ainsi sa décision : « Attendu que l'arrêt attaqué » constate en fait que dans le compte qui règle la situa- » tion des parties, le vendeur y figure toujours comme » créancier du prix de l'office; que dans une rectification » du compte, il est dit qu'il faut retrancher du reliquat,

» dont l'acheteur est établi débiteur, une somme de » 10,000 fr. qui avait été déduite par erreur *du prix de* » *l'office.* — Attendu que la cour de Douai, appréciant » les énonciations contenues dans ledit compte, en a » déduit la conséquence que la dette de l'office n'avait » pas cessé d'exister; que par suite les parties n'avaient » pas eu l'intention, en faisant entrer le prix de l'office » dans le compte, d'opérer une novation par la substi» tution d'une dette nouvelle à une autre dette..... (1) » On décida donc qu'il n'y avait pas eu novation à la suite de l'entrée en compte de la créance, parce que les parties avaient manifesté la volonté de ne pas nover dans les énonciations mêmes du compte.

Une deuxième condition également nécessaire, c'est que les parties aient la capacité de nover ; c'est-à-dire que le crédité ait la libre disposition de la créance qu'il passe en compte courant, sinon la créance ne peut entrer en compte.

Une espèce intéressante nous est fournie par la jurisprudence : Un père avait constitué à sa fille une dot qu'au lieu de compter à son gendre il passa dans le compte courant qu'il avait avec celui-ci. La cour de cassation décida que la créance résultant de la constitution de dot appartenant à la femme ou à ses héritiers, il en résultait que le mari n'avait pu la nover en la faisant entrer dans un compte courant. En conséquence le mari n'avait pas, après le décès de sa femme, d'action contre les héritiers du père de celle-ci en paiement du reliquat

(1) Req. 16 mars 1867. Dalloz, 57, 1, 347. — J. des Not., année 1857, p. 214.)

du compte dans lequel figure la créance résultant de la constitution de dot; la femme seule avait la créance, seule elle pouvait la nover; son mari n'avait pu en disposer (1).

Une troisième condition est que la créance passée en compte soit susceptible d'être novée. — Si cette créance était entachée d'une nullité non susceptible d'être couverte, d'une nullité d'ordre public, elle ne pourrait être novée. Par exemple, un agent de change a contre un particulier une créance pour différences de jeux de bourse, par suite d'un marché à terme fictif. La loi pénale condamne ces spéculations (C. p., art. 421 et 422) et la loi civile refuse toute action au gagnant. L'agent de change, constitué créancier de ces différences, pourrait-il transformer sa créance par voie de novation, en la passant dans un compte courant ouvert entre lui et son client? Evidemment non : la cause illicite, qui empêchait d'exercer l'action antérieure, produit encore son effet et le débiteur pourra, en vertu de l'exception de jeu, faire rayer du compte un article dont la cause était vicieuse. Il n'y a pas eu novation, parce qu'une créance entachée de cette nullité ne peut être novée.

C'est ainsi encore que la cour de cassation a décidé que les honoraires dus à un notaire ne peuvent entrer en compte courant et être ainsi novés, parce que le notaire ne peut avoir droit à des intérêts pour ce qui lui est dû à raison d'un acte de son ministère. Une créance d'honoraires portée en compte courant ne peut

(1) Cass., 25 juill. 1853, Dalloz, 53, 1, 341. — Sirey, 53, 1, 740.)

donc être novée et doit rester étrangère aux calculs d'intérêts auxquels donnent lieu les autres articles du compte intervenu entre les parties (1).

Il faut donc pour que le compte courant produise son effet novatoire, en d'autres termes il faut pour qu'une créance entre dans le compte courant, avec tous les effets qu'on attache à l'entrée en compte courant, la réunion de ces trois conditions : 1° la volonté de nover; 2° la capacité des parties d'opérer novation ; 3° l'existence d'une créance susceptible d'être novée. A ces trois conditions on en a ajouté une quatrième, la nécessité de l'insertion matérielle de la créance sur les livres, l'écriture. Tant qu'il n'en serait pas passé écriture, la créance primitive subsisterait avec sa nature propre et les garanties dont elle est munie ; la convention de la faire entrer en compte courant ne constituerait qu'une promesse de novation.

Ce système soutenu par MM. Delamarre et Lepoitvin peut se résumer en ces termes : Il y a novation en compte courant, parce que le crédit donné est la compensation du montant de la créance, c'est une dation en paiement qui emporte quittance et éteint la dette ; or, on ne conçoit pas une quittance à futur, car une quittance, à moins de déguiser une donation, suppose la numération de la somme ou la transmission actuelle de la chose ou de la valeur, qui en est la représentation. Dans l'espèce cette valeur est le crédit, et ce crédit, tant qu'il n'y a pas écriture, reste à l'état de promesse. Tant qu'il ne

(1) Cass., 18 mars 1850. — Dal., 50, 1, 101.

sera pas réalisé par l'écriture, il n'y aura donc pas quittance, et, l'ancienne obligation subsistant, il n'y aura pas novation (1).

Nous relèverons d'abord, sans nous y arrêter, la singulière contradiction dans laquelle sont tombés ces auteurs, en soumettant à la formalité des écritures l'effet novatoire du compte courant, après avoir déclaré que les écritures d'un compte courant ne constituaient pas le compte courant, et n'étaient qu'un moyen de preuve. En soumettant l'existence de la novation des créances à la condition de l'écriture, ils font de cet élément matériel un caractère constitutif du compte courant, car dans ce système, comme ils le disent eux-mêmesla règle est : en compte courant *contrahitur litteris*. Mais reprenons les arguments mêmes invoqués dans la question qui nous occupe actuellement : Tout d'abord, ces auteurs représentent la novation par changement de dette, comme constituant un paiement fictif de l'ancienne dette, suivie d'une remise également fictive. Cette explication de la novation, proposée par M. Duranton, n'a pas été généralement admise, car on a fait observer que la novation ne devrait pas être rangée parmi les modes d'extinction des obligations ; si on l'expliquait ainsi, ce serait le paiement et non la novation qui éteindrait la dette. Ne vaut-il pas mieux dire que l'extinction de la dette par novation s'opère par l'effet de la commune volonté des parties qui rompent le premier contrat pour en renouer

(1) Delamarre et Lepoitvin. *Traité de droit commercial*. V., p. 382.

un second, et que la cause de la nouvelle obligation est l'extinction de la première? Si cette explication est la véritable, le système de MM. Delamarre et Lepoitvin tombe immédiatement; continuons cependant, en adoptant leur point de vue, à examiner les conséquences qu'ils en ont tirées : Le crédit, disent-ils, qui constitue cette prétendue dation en paiement, extinctive de la première obligation, n'est réalisé que par l'écriture. Il y a là une erreur, même dans le système qui voit dans la novation une double tradition fictive ; ce n'est pas le crédit qui est la dation en paiement, mais bien la remise fictive que l'on suppose et dont le crédit n'est que l'expression matérielle. Que le crédit soit ou non réalisé, la numération fictive existerait et la novation serait produite.

Ainsi donc, à quelque point de vue qu'on se place, ce système nous semble inadmissible et contraire à la théorie générale de la novation. Il amènerait en outre ce résultat injuste qu'en cas d'oubli du débiteur d'insérer l'opération au compte, le créancier, en omettant frauduleusement de l'y porter de son côté, pourrait à son gré annuler une convention librement consentie par les parties. Sans doute, dans la plupart des cas, le débiteur pourrait requérir cette inscription ; mais qu'on le suppose tombé en faillite, ses créanciers ne pourraient le faire à sa place, car ce serait non une rectification de compte, mais l'entrée d'un élément nouveau, et, dans ce cas au moins, le créancier pourrait à son gré réaliser ou non la convention qui serait à sa discrétion. L'équité aussi bien que les principes sont donc contraires à ce système, qu'a repoussé même le fidèle disciple de MM. Delamarre et Lepoitvin, M. Feitu (1).

Nous résumerons cette première partie de notre chapitre en disant que le compte courant nove les créances qui sont remplacées par des articles de crédit; mais que cet effet novatoire du compte courant ne se produit qu'à la triple condition que la créance puisse être novée, que les parties aient la capacité de nover, et qu'elles n'aient pas eu une volonté contraire.

Section II. — *Effets de la novation.*

1° *Extinctionde l'action en paiement attachée à la créance.* — La novation a pour effet d'éteindre l'ancienne obligation, et par suite, l'action qui en assurait le paiement : la dette est considérée comme payée.

Nous trouvons une application importante de ce principe dans l'art. 575, § 2, du Code de commerce, le seul article de ce Code où il soit fait mention du compte courant. Cet article dispose que le prix ou la partie du prix des marchandises consignées à un commissionnaire pour être vendues, pourra être revendiqué contre la faillite de ce commissionnaire, si ce prix n'a été ni payé, ni réglé en valeurs, ni compensé en compte courant entre le failli et l'acheteur.

Voici l'hypothèse prévue : Bernard, commissionnaire, a vendu pour le compte de Raymond des marchandises à Paul ; Bernard tombe ensuite en faillite : les mar-

(1) Feitu, nos 207 et suiv.

chandises étant vendues, Raymond ne peut plus les revendiquer (art. 575, § 1) ; mais si Paul n'a pas encore payé son prix, s'il en est toujours débiteur, l'article 575, § 2, autorise Raymond à réclamer ce prix à l'acheteur, pour se l'attribuer à l'exclusion de la faillite. Au contraire, il devra produire à la faillite du commissionnaire, si l'acheteur s'est libéré soit par un paiement, soit par un règlement en valeurs, soit enfin en passant le prix en compte courant. Dans ce dernier cas, le seul qui nous occupe, le commettant ne peut plus réclamer le prix à l'acheteur, parce que la novation opérée par le compte courant a éteint la dette : le prix n'est plus dû. C'est la stricte application des principes de la novation. Seulement l'expression « compensé en compte courant » demande à être expliquée.

L'ancien article 581, que remplace l'article575 actuel depuis la loi de 1838, interdisait également la revendication du prix, quand il était payé, réglé en valeurs, ou « passé en compte courant » ; quel est donc la portée de la nouvelle rédaction ? Dans un premier système, qui semble admis par la majorité des auteurs (1), on prétend qu'il résulte du nouvel article, que l'entrée du prix en compte courant ne suffit pas à libérer l'acheteur et à interdire la revendication ; le prix ne doit pas seulement être passé en compte courant, mais compensé ; pour que cette compensation puisse avoir lieu, il faut qu'au moment de l'opération l'acheteur soit créancier en vertu du compte courant ; la dette du prix se com-

(1) Dalloz, V. *Faillites*, n° 1125. — Bedarride, *Faillites*, IV, n° 1138.

pense avec la créance du solde ; il y a véritable paiement libérant l'acheteur, et alors la revendication du prix est impossible. Si au contraire le compte se solde contre l'acheteur, l'entrée du prix de vente en compte ne libère pas l'acheteur, qui reste toujours débiteur, il n'y a pas paiement, parce qu'il n'y a pas compensation en compte courant, et la revendication est possible. Pour savoir s'il y a ou non possibilité de revendiquer le prix passé en compte courant, il faut donc considérer quel est l'état du compte entre le commissionnaire et l'acheteur et rechercher si à ce moment le compte est en faveur de l'acheteur, parce qu'à cette condition seule l'obligation résultant de la vente aura été éteinte par compensation. On invoque d'ailleurs les termes mêmes de l'article, introduits pour trancher, dit-on, la controverse née au sujet de l'ancien article 581. Nous repousserons ce système parce qu'il est contraire aux principes du compte courant et que la pensée du législateur ne peut être telle ; que le compte se solde en faveur de l'une ou de l'autre des parties, dans tous les cas l'entrée en compte courant emporte novation et extinction de cette créance, et nous verrons dans le chapitre suivant qu'il ne peut être question des règles de la compensation en notre matière ; car ce serait la négation du compte courant, qu'admettre que chacune des remises se compensent à due concurrence. Il y a toujours, et dans tous les cas, novation et extinction de la créance.

Deuxième système. — S'inspirant de cette idée qu'il n'y a pas de compensation possible pendant le compte courant, on a prétendu qu'il ne fallait attacher aucune importance aux termes de l'art. 575. L'expression « compensé » serait synonyme de « passé en compte courant » et le législateur n'aurait eu d'autre but, en introduisant cette nouvelle rédaction, que d'indiquer qu'il parlait seulement des créances véritablement entrées dans le compte et non de celles qui y sont seulement mentionnées sans en faire partie. On craignait que le juge ne vît des entrées en compte courant dans toutes les écritures commerciales. Dans ce système la revendication du prix est impossible toutes les fois que la créance de ce prix est novée par l'entrée en compte. Ceci est fort correct et parfaitement conforme aux principes du compte courant, mais il nous semble que c'est faire bon marché du texte de l'article, et que si le législateur a employé le mot « compensé » il ne pouvait vouloir dire simplement « nové. »

Troisième système. — Le mot « compensé » doit s'entendre de la compensation finale des articles de débit et de crédit qui s'opère à la clôture du compte ; il ne s'opère pas d'autre compensation en compte courant et il est fort naturel de croire que le législateur ne s'est pas mépris sur ce point. Du reste, l'art. 575 parle d'une revendication, c'est-à-dire d'un droit qui ne s'exercera qu'après la faillite, c'est-à-dire après la clôture du compte qui amènera cette compensation générale. Tout doit donc porter à croire que c'est là le véritable sens de l'article (1) ; il nous reste à en tirer une conséquence

(1) M. Rataud, à son cours.

importante, c'est que, si en règle générale la passation du prix de vente en compte courant libère l'acheteur et ne permet plus la revendication du prix qui cesse d'être dû, le législateur de 1838 a introduit une exception au principe, dans le cas où il n'y a d'articles qu'au crédit du commissionnaire, soit que le compte au moment de la faillite ne présente qu'un seul article, celui du prix de vente, soit qu'il y ait d'autres articles, mais que tous soient portés au crédit du commissionnaire, comme le prix de vente lui-même ; dans ces deux hypothèses, la loi considère que la créance du prix conserve en fait son identité, parce qu'elle échappe à la compensation finale du compte courant, qui l'eût dénaturée. Dans ce cas, le motif d'équité qui a inspiré l'art. 575, permet d'autoriser la revendication du prix ; l'acheteur n'a aucun intérêt à payer plutôt le commissionnaire que le commettant, et, le prix étant dû en réalité, il est légitime de préférer le commettant à la masse des créanciers du commissionnaire. Mais en dehors de ces deux cas, le principe de l'effet définitif de la novation sera appliqué dans toutes ses conséquences (1).

L'art. 575 ne prévoit pas une autre espèce voisine de la précédente. Au lieu de supposer l'existence d'un compte courant entre Paul, acheteur, et Bernard, commissionnaire, on peut également songer au cas où il y aurait compte courant entre le commissionnaire et Raymond, le commettant. Le commissionnaire non payé passe la créance du prix au crédit de son commettant,

(1) Feitu, nos 221 et suiv. — Dietz, Thèse de doctorat, p. 127 et suiv.

puis il tombe en faillite. Raymond pourra-t-il encore agir directement contre le tiers acheteur qui n'a pas payé ? Pardessus pense qu'il le peut en vertu de l'article 575 : Le prix, dit-il, n'a pas été payé, ni passé en compte courant par l'acheteur au commissionnaire (1). Nous ne pensons pas que la revendication soit encore possible, car, par suite de la passation du prix en compte courant et du crédit à lui donné par son commissionnaire, il cesse d'être créancier en vertu de la commission : il n'est plus créancier comme commettant ; il ne peut donc avoir les droits attachés à cette qualité et se prévaloir de l'art. 575.

2° *Extinction des garanties attachées à la créance passée en compte courant.* — La novation n'éteint pas seulement l'action en paiement ; elle éteint en même temps les garanties qu'on y avait attachées. C'est ainsi que, dans le cas d'une vente passée en compte courant, le privilége du vendeur, qui garantissait le paiement du prix, disparaît, parce que la vente est considérée comme terminée et le prix comme payé. De même encore, l'hypothèque, qui garantissait la créance entrée en compte, se trouve éteinte. La caution, les coobligés seront également libérés.

Mais dans tous ces cas, il se peut que les parties aient entendu apporter à la novation des restrictions et des réserves, notamment à ce point de vue des garanties, dont est munie la créance primitive. Ainsi, le vendeur peut avoir entendu conserver son privilége, et, en cas

(1) Pardessus, *Droit commercial*, n° 1283.

de non-paiement du solde, il dira que la créance du prix n'avait été portée au compte que sous la condition d'un paiement du solde ; mais il faudra que cette intention soit manifeste ; de même, l'on pourra convenir que l'hypothèque garantissant une créance entrée en compte s'appliquera à la créance du solde ; de même encore, la Cour de cassation a décidé que l'on pourrait reporter l'obligation de la caution avec le consentement de celle-ci, sur le solde éventuel. — Dans tous les cas, il y aura à interpréter la volonté des parties.

3° *Substitution de la créance éventuelle du solde à l'ancienne créance.* — L'ancienne créance s'éteint pour faire place à un crédit qui est l'élément d'une nouvelle créance et de nombreux effets en résultent. A la place d'une créance qui était exigible, il y a une créance éventuelle dont l'exigibilité est suspendue jusqu'à la clôture du compte, et à l'inverse la créance entrée en compte courant pouvait être exigible à une date postérieure à celle de l'arrêté de compte. En second lieu, la créance pouvait être improductive d'intérêts ; les intérêts au taux du compte courant vont courir de plein droit ; ou bien elle portait intérêt à un taux moindre ou supérieur. En troisième lieu, les intérêts déjà échus vont perdre leur qualité d'intérêts, en venant se fondre dans le compte courant, si on les capitalise avec la créance qui les a produits. Ainsi, les intérêts des dettes personnelles aux époux, dont la communauté est tenue en vertu de l'article 1409, § 3 C. civ., s'ils sont portés dans un compte courant que le créancier tient avec son débiteur, sont capitalisés, et la communauté cesse d'en être tenue, parce qu'il y a novation aux termes de l'art. 1271 (Besançon, arrêt du 22 juin 1864 (Dal., 64, 2, 119). Au point de vue de la prescription, ce sera une nouvelle prescription, la prescription trentenaire, à dater de la clôture du compte, qui s'appliquera à tous les articles du compte, quelle que soit la prescription attachée aux créances primitives. Enfin, si la créance est civile, elle peut se trouver commercialisée, si l'ensemble des relations a un caractère commercial et les règles de la compétence sont changées. Nous ne voulons pas nous étendre davantage sur ce sujet : il n'y a là que l'application des règles de la novation, et d'ailleurs, nous aurons occasion de revenir sur quelques-unes de ces questions à propos des règles du compte courant relatives aux intérêts, à la prescription et à la compétence.

CHAPITRE IV.

INDIVISIBILITÉ DU COMPTE COURANT.

Nous avons vu comment les remises et l'entrée des créances en compte courant donnaient naissance à des acticles de crédit et de débit. Ces articles se fondent en une seule masse, de sorte qu'on n'en peut extraire un isolément ; le compte courant ne présente donc pas une série de dettes et créances naissant respectivement de ces remises, mais un enchaînement indivisible d'articles, qui sont les éléments d'une créance mobile et variable, dont l'existence se fixera au moment du règlement définitif ; jusque-là il n'y a ni créance, ni dette ; il y a confusion des articles du crédit et du débit, c'est ce qu'on exprime en disant que le compte courant est indivisible.

Ce caractère, qui distingue nettement le compte courant de tout autre compte, attache au compte courant des effets fort importants, que nous examinerons successivement, en réservant pour la fin de cette étude l'examen des conséquences de cette indivisibilité à l'égard des tiers.

SECTION I. — *Conséquences de l'indivisibilité du compte courant.*

Ces conséquences se produisent à divers points de vue auxquels nous consacrons des paragraphes distincts.

§ 1. *Exclusion du droit d'action isolée.* — La première conséquence de cette indivisibilité, c'est que ni l'une, ni l'autre des parties ne peut extraire un article de son crédit, pour en demander séparément le paiement. Tant que le compte court, il n'y a ni créance, ni dette ; il n'y a que des articles dont le règlement est ajourné par les parties. Cette conséquence, fort importante et sur laquelle M. Dufour a basé une théorie bizarre du compte courant (1), n'a du reste jamais été contestée ; aussi n'avons nous pas à nous y arrêter.

§ 2. *Les remises ne constituent pas des paiements.* —

(1) *Recueil de l'Académie de Toulouse*, IX, p. 185 et suiv.

Tant que le compte courant n'est pas arrêté, il n'y a, nous le répétons, ni créance, ni dette, il est donc impossible de voir, dans les remises, des paiements diminuant la dette, jusqu'à due concurrence.

C'est pourtant le caractère qu'a attribué aux remises M. Alauzet, qui voit, dans chaque remise en espèces, un véritable paiement, et dans les remises de marchandises, des dations en paiements. Cette théorie a une grande importance pratique à deux points de vue principaux : si les remises en compte courant sont des paiements, elles sont, comme des paiements, soumises à l'application des art. 446 et 447 du Code de commerce, qui annulent les paiements faits dans certaines circonstances par un commerçant sur le point de tomber en faillite. D'autre part, il faudrait leur appliquer les règles de l'imputation légale des paiements.

Avant d'examiner ces deux conséquences, nous pouvons établir de suite que ce ne sont point des paiements. D'abord, il ne peut y avoir paiement, là où il n'y a pas de dette ; non-seulement rien n'est exigible, mais rien n'est dû, puisque les parties sont convenues de laisser en suspens les qualités de débiteur et de créancier. Il ne peut donc être question de paiement. Bien plus, en admettant même pour un instant que le crédit constitue une sorte de créance et le débit une sorte de dette, il est impossible néanmoins de voir, dans les remises, des paiements : est-il en effet rien de plus contraire à la nature du paiement, que les intérêts produits au profit du remettant par la somme donnée à titre de paiement? Est-il plus rationnel d'admettre que la créance éteinte par ce paiement continue à produire des intérêts ? Et pourtant c'est ce qui se passe en compte courant ; les remises ne s'appliquent donc pas à solder les débits antérieurs, mais bien à grossir la masse des crédits qui ne se compenseront avec les débits qu'à la clôture du compte. Enfin, il est un cas où l'analogie de la remise et du paiement est complétement impossible à établir, c'est le cas où le remettant se trouve, au moment de la remise, créditeur en vertu du compte ; même en niant l'indivisibilité du compte courant, on est forcé d'admettre que dans ce cas la remise ne constitue pas un paiement.

De même que la remise en espèces ou en valeurs n'est pas un paiement, un envoi de marchandises n'est pas une dation en paiement, et cela pour la même raison ; c'est qu'il n'y a pas de dette, et que, même en admettant l'existence d'une dette, on ne peut comprendre que la créance, qu'on prétend éteinte, produise des intérêts ; on ne comprend pas davantage que la somme portée au compte comme représentative de l'envoi soit productive d'intérêts.

Les remises en compte courant ne constituent donc pas des paiements ; que sont-elles donc ? Sont-ce des avances, des prêts ? Nous ne voulons pas entrer dans les discussions qui se sont engagées sur ce point et qui ne seraient pas ici à leur place ; disons seulement qu'au point de vue qui nous occupe, la question offre peu d'intérêt et que nous pensons qu'il faut y voir une opération de commerce *sui generis*. La jurisprudence admet aujourd'hui d'une manière constante que ce ne sont pas des paiements, et tous les jours elle fait des applications de ce principe dans les questions que nous allons examiner.

1° Les remises en compte courant ne sont pas soumises à l'application de l'art. 446 du Code de commerce, comme les paiements. — L'expérience ayant démontré que dans la période qui précède la faillite les commerçants consentent des actes ruineux pour éviter ou reculer la faillite qui les menace, la loi a décidé que les actes faits dans cette période pourront être annulés, et elle a à cet égard constitué tout un système de nullités. Elle reporte l'ouverture de la faillite à la date de la cessation des paiements, et, suivant le caractère plus ou moins suspect des actes passés dans cette période, elle les range dans des cadres de nullités plus ou moins sévères; nous n'avons pas ici à entrer dans le détail de ces dispositions; les art. 446 et 447 seuls nous intéressent. L'art. 446 déclare nuls et sans effet relativement à la masse, lorsqu'ils auront été faits par le débiteur depuis la cessation des paiements et même dans les dix jours précédents, tous paiements soit en espèces, soit autrement pour dettes non échues, et pour dettes échues tous paiements faits autrement qu'en espèces ou en effets. L'art. 447, organisant un second cadre de nullités, dispose que tous actes à titre onéreux et tous paiements autres que ceux énumérés dans l'art. 446 pourront être annulés, si de la part de ceux qui ont reçu du débiteur, ou traité avec lui, il y a eu connaissance de la cessation des paiements. L'art. 447 ne s'applique donc qu'aux actes passés depuis la cessation des paiements et non depuis les dix jours qui l'ont précédée ; il faut qu'il y ait eu mauvaise foi de la part de celui qui a traité avec le failli, enfin la nullité n'est pas une nullité de plein droit ; elle *pourra* être prononcée. La nullité de l'art. 446 n'est pas soumise à ces restrictions. On voit donc l'intérêt qu'il y a de savoir si un acte tombe sous le coup de l'art. 447 ou est visé par l'art. 446. Auquel de ces deux articles est soumise la remise en compte courant ?

Si la remise constitue un paiement, il faut dire qu'il y a paiement d'une dette non échue et par conséquent annuler, en vertu del'art. 446, toute remise en espèces, en valeurs, en marchandises, etc. Le juge n'aura qu'une chose à considérer, la date de la remise, et si cette remise se place dans la période indiquée par l'article la nullité sera prononcée. On n'est pourtant pas allé jusque-là : M. Alauzet, qui a soutenu le plus vivement que les remises en compte courant constituaient des paiements, y a vu des paiements de dettes échues, de sorte que la nullité de l'art. 446 ne s'applique qu'aux remises autres que les remises en espèces ou en effets, par exemple aux envois de marchandises ; au contraire les remises en espèces et effets sont soumises à l'art. 447. Il est bien certain, dit cet auteur, que la remise a pour résultat de diminuer ou d'éteindre une dette ; les nullités des art. 446 et 447 ont eu pour objet d'empêcher le failli d'avantager un de ses créanciers aux dépens des autres, et c'est précisément le résultat d'unc remise faite à la veille de la faillite, à la veille de la clôture du compte. Si ce ne sont pas de véritables paiements, les remises en ont, dit-on, du moins l'effet, et c'est le cas de leur en appliquer les règles. — Nous n'avons pas besoin de revenir sur l'inexactitude de cette théorie, mais nous devons constater que, même en admettant cette idée, il est impossible d'y apporter le tempérament proposé; s'il y a paiement, du moins n'y a-t-il pas dette échue? aussi devrait-on toujours et dans tous les cas annuler les remises en vertu de l'art. 446, sans s'inquiéter de la connaissance que le créancier a pu avoir de la faillite. — Nous dirons au contraire que là où il n'y a pas dette, il ne peut y avoir paiement, et que jamais l'art. 446 ne pourra être invoqué pour l'annulation d'une remise en compte courant. Cette opinion qui a été développée par M. Tripier, dans le rapport fait par lui à la Chambre des Pairs sur la loi de 1838, est aujourd'hui suivie par la majorité des auteurs (Bédarride, *Faillites* I, n° 112; Demangeat sur Bravard, *Faillites*, p. 231). La jurisprudence l'a consacrée par de nombreux arrêts, notamment par un arrêt de la cour de cassation du 10 mai 1865 (Sir., 1865, I, 277).

Mais si les remises ne sont pas des paiements, elles peuvent, lorsqu'elles sont faites par le failli à la veille de sa faillite, être annulées en vertu de l'art. 447, non comme des paiements autres que ceux prévus dans l'art. 446, mais comme des actes à titre onéreux. Si donc il y a eu de la part du récepteur connaissance de la cessation des paiements, s'il y a eu mauvaise foi et intention du failli de frauder ses créanciers, ces remises pourront être annulées, qu'elles aient été faites en espèces ou valeurs, ou qu'elles aient consisté dans un envoi de marchandises.

2° Les règles de l'imputation légale des paiements ne s'appliquent pas aux remises en compte courant.

Aux termes des art. 1253, 1254 et 1256 du Code civil, le débiteur de plusieurs dettes de même nature a le droit, lorsque le paiement qu'il fait n'est pas suffisant pour le libérer totalement, de diriger son paiement sur celle des dettes qu'il entend acquitter de préférence et le créancier est tenu d'accepter cette imputation, quand elle ne constitue pas un paiement partiel. Le débiteur d'une dette produisant intérêt ne peut, sans le consentement du créancier, en imputer le paiement qu'il fait sur le capital par préférence aux intérêts. Quand le débiteur n'indique pas la dette qui fait l'objet du paiement et que le créancier n'impose aucune imputation dans la quittance, le paiement doit être imputé sur la dette que le débiteur avait le plus d'intérêt à acquitter, c'est-à-dire celle qui était échue, et était la plus onéreuse ou la plus ancienne des dettes échues.

Ce sont ces règles que l'on a prétendu appliquer aux remises des comptes courants : le compte courant, a-t-on dit, commence par un capital versé, il s'accroît par de nouveaux versements, il diminue par des paiements partiels et s'éteint par un paiement intégral; comment tout cela s'opérerait-il sans imputation de paiements? Nous n'avons pas à revenir sur cette assimilation des remises à des paiements; il n'y a pas de paiements, donc il n'y a lieu à aucune imputation. Du reste, si on admettait cette imputation, il n'y aurait pas de compte courant, puisqu'à chaque remise, on obtiendrait un solde par cette imputation; le compte ne serait plus courant.

L'exclusion des règles de l'imputation légale est aujourd'hui universellement admise par la doctrine et la jurisprudence. Cette question avait été pourtant un moment controversée : un arrêt de la cour de Rouen du 21 mai 1838 et, sur le pourvoi, un arrêt de rejet de la Cour de cassation du 3 avril 1839 avaient dans l'affaire Demiannay décidé que « les comptes courants sont soumis aux règles d'imputation de paiements prescrites par le Code civil, c'est-à-dire que si parmi les diverses dettes résultant d'un compte courant, il en est que le correspondant débiteur a plus d'intérêt à acquitter, comme étant plus anciennes et plus onéreuses, les remises qu'il fait à son créancier par suite des opérations de ce compte, continuées sans liquidation, ni arrêté définitif, doivent s'imputer à titre de paiements sur les dettes antérieures..... » (Sir., 39, 1, 257). Cet arrêt était formel; mais la jurisprudence est bien vite revenue à une notion plus exacte du compte courant. Un arrêt de la Cour de cassation du 17 janv. 1849 a consacré l'exclusion des règles de l'imputation légale en notre matière.

§ 3. *Les remises en compte courant ne se compensent pas au fur et à mesure qu'elles se produisent.*

Une troisième conséquence de la confusion en une seule masse de tous les articles du compte est l'impossibilité d'appliquer les règles de la compensation au moment des remises. Chaque remise, objecte-t-on, rendant le remettant créancier, se compense avec une dette résultant d'une remise antérieure par lui reçue.

Rien n'est plus inexact ; il n'y a pas, tant que le compte court, de dettes ni de créances ; il n'y a pas de paiement possible, il n'y a pas lieu davantage au paiement fictif, qu'opère la compensation. En admettant même que chaque remise engendre une dette, on ne peut certainement pas dire que ce soit une dette liquide, et encore moins une dette exigible, et la compensation n'a lieu qu'entre dettes liquides et exigibles.

Du reste, si cette compensation était admise à chacun des versements, il se produirait ainsi une série de règlements partiels, arrêtant le compte à chacune des remises ; et il n'y aurait plus compte courant, mais bien plutôt une série de comptes distincts ; ce qui est contraire à l'intention des parties, qui sont convenues que toutes les remises produiraient intérêt à leur date, jusqu'au jour de la clôture du compte ; et, pour obtenir ce résultat, il faut qu'aucune compensation ne s'opère avant la balance finale qui compensera, jusqu'à due concurrence, la masse de tous les crédits avec la masse de tous les débits. Comme on l'a fait justement remarquer, le compte courant pourrait même être défini : une prorogation conventionnelle de la compensation.

Il est un argument qu'on a invoqué, mais que nous n'avons plus à réfuter ici, c'est l'emploi par l'art. 575 de l'expression « compensé en compte courant. » Ne résulte-t-il pas de cette disposition, qui interdit la revendication d'un prix *compensé* en compte courant, que la compensation peut avoir lieu entre les divers articles d'un compte courant? Nous avons déjà répondu que cette expression se rapportait à la compensation finale qui s'opère à la clôture du compte; l'argument tiré de l'art. 575 se trouve donc sans valeur.

Cette opinion est aujourd'hui consacrée par la jurisprudence : un arrêt de la Cour de cassation fort ancien (6 frim. an XIII, Sir., t. V, I, 668) avait déjà décidé que la disposition de la coutume de Paris sur la compensation ne pouvait avoir lieu pour les comptes courants, dont le débit et le crédit subissent des variations perpétuelles et ne se fixent qu'au dernier terme des négociations respectives; après quelques arrêts contraires on revint aux vrais principes du compte courant, et l'arrêt de la Cour de cassation du 17 janv. 1849 (Sir., 1849, I, 229), rendu sur les conclusions remarquables de M. Nicias Gaillard, a fixé la jurisprudence.

Nous terminerons ce paragraphe par deux observations importantes. D'abord, c'est que les parties peuvent convenir expressément de faire servir une remise à une compensation, comme elles pourraient convenir de l'imputer sur un article du compte. En agissant ainsi, les parties, qui sont libres de faire telle convention qu'il leur plaît, ne détruisent pas le compte-courant; seulement cette remise reste en dehors du compte et lui est étrangère; c'est une remise avec affectation spéciale; ce n'est pas une remise en compte courant; quant à l'article qui se trouve compensé ou payé par cette remise, il sort du compte. Il n'y a donc dans cette convention rien qui infirme les règles que nous avons établies. — En second lieu les règles de l'imputation des paiements et de la compensation pourront recevoir leur application, lorsque la créance mobile jusqu'à la clôture du compte devient fixe et exigible à la date de cette clôture; la créance du solde pourra être compensée, mais il faut que les parties ne reportent pas ce solde à nouveau; car, dans ce cas, la créance redevient un crédit, qui ne peut s'éteindre ni par un paiement, ni par une compensation.

Section II. — *Effets de l'indivisibilité à l'égard des tiers.*

Les tiers ne peuvent pas plus que les parties extraire du compte courant tel ou tel article et rompre l'indivisibilité du compte courant convenue entre les parties. Ceci est bien certain pour les tiers qui sont coobligés à la dette, les cautions par exemple. Ainsi une caution garantit une dette portée au compte courant, non pas avant son entrée en compte courant, auquel cas la novation éteindrait l'obligation de la caution, mais après l'insertion au compte. Au moment du solde, pourra-t-on s'adresser à la caution et prétendre que son cautionnement porte sur le solde que la clôture du compte établit contre la partie cautionnée? La Cour de Bordeaux l'a admis avec raison (8 avril 1842, *J. du P.*, 1844, t. I, p. 27). La caution garantissant une obligation portée au compte renonçait implicitement à se prévaloir des versements ultérieurs pour les considérer comme des paiements; en garantissant une créance portée au compte, elle entendait par là même se soumettre volontairement à cette situation, et dès lors, comme la caution ne peut opposer d'autres exceptions que celles qui appartiennent au débiteur principal, elle ne pouvait invoquer les règles ordinaires de l'imputation des paiements ou de la compensation, que les parties ont écartées en entrant en relations de compte courant. L'indivisibilité du compte courant est donc opposable à la caution, comme elle l'est aux parties elles-mêmes. Mais revenons aux véritables tiers.

Nous avons dit que les tiers ne pouvaient pas rompre l'indivisibilité du compte courant et nous allons de suite en trouver un exemple dans une question sur laquelle on est généralement d'accord. Les créanciers de l'une ou l'autre partie ont-ils le droit d'opérer une saisie-arrêt sur les remises en compte courant faites à leur débiteur? La négative est universellement admise ; c'est, qu'en effet, la saisie-arrêt suppose la qualité de créancier chez celui sur qui on l'opère et la qualité de débiteur chez le tiers-saisi ; or, comme en compte courant, on ne sait pas qui sera créancier ou débiteur, ni s'il y a dette ou créance, la saisie-arrêt est impossible. Du reste, une loi spéciale, la loi du 24 germinal an XI, qui organise la Banque de France, dispose dans son art. 33 qu'aucune opposition ne sera admise sur les sommes en compte courant dans les banques autorisées. Cette disposition doit être étendue à tous les cas où il y a compte courant, et cette extension a été admise par la jurisprudence. « Considérant, » dit un arrêt de la Cour de Paris du 27 janvier 1855, » que le droit accordé au créancier par l'art. 557 du » Code de procédure civile suppose, dans la personne du

» débiteur saisi, un droit préexistant de propriété et de » libre disposition sur les objets saisis, et, dans la per» sonne des tiers, un défaut de droit ou d'intérêt sur la » chose saisie ; qu'en matière de crédit et de compte » courant, le droit d'opposition ne peut s'exercer au » préjudice du créditeur ou du crédité, soit pour arrêter » le cours des opérations convenues entre eux, soit pour » détourner les valeurs respectivement engagées de la » destination qui leur a été assignée par la convention... » Seulement, on admettra parfaitement une saisie-arrêt sur le solde, quand le compte est arrêté. Cela est de toute évidence et n'a pas besoin d'explication ; une question plus douteuse est celle de savoir si une saisie-arrêt opérée sur une remise en compte courant produira son effet sur le solde. Nous pensons qu'elle sera nulle, parce que le solde n'est pas la créance saisie ; il faudra donc renouveler la saisie-arrêt à la clôture du compte (*Contra*, Noblet, n° 75; Roger, *Saisie-arrêt*, n° 324 *bis*).

Mais si, en principe, les tiers sont obligés de respecter l'indivisibilité du compte courant, on admet un tempérament important à cette règle. S'ils ont intérêt à établir à un moment précis la situation des parties, ils pourront demander à ce qu'il soit fait un arrêté fictif ; l'indivisibilité du compte courant subsiste, et dès lors, il n'y a aucune raison de s'opposer à cette opération, à laquelle les tiers peuvent avoir grand intérêt. Nous allons parcourir diverses espèces qui se sont présentées devant les tribunaux, afin de montrer quel peut être cet intérêt et comment on peut concilier cet intérêt avec celui des parties.

1° Un premier cas s'est présenté en matière de lettre de change. On dit qu'il y a provision, toutes les fois que le tiré a reçu du tireur une valeur au moins égale au montant de la lettre de change et qu'il est, au moment de l'échéance de la traite, débiteur de cette valeur; d'après une jurisprudence constante, le porteur est reconnu propriétaire de la provision. Ceci posé, voici l'espèce : deux personnes sont en compte courant; l'une d'elles tire une lettre de change sur l'autre ; le porteur non payé à l'échéance peut-il, par un arrêté fictif, établir la situation du compte et, dans le cas où le tiré se trouverait débiteur d'une somme égale au montant de la traite, prétendre qu'il y a provision? Sans doute, il ne peut pas poursuivre un paiement immédiat, car ce serait rompre l'indivisibilité du compte; mais pourra-t-il, après la clôture du compte, invoquer l'existence de la provision au moment de l'échéance? M. Feitu a repoussé très-vivement la légitimité de cette prétention; il n'y a pas de dette au moment de l'échéance des effets et partant pas de provision; le porteur ne peut pas, dit-il encore, se prévaloir du compte courant, s'il ne l'accepte avec sa nature propre, c'est-à-dire avec son indivisibilité. Cette solution nous paraît bien rigoureuse, car le porteur, en se réservant un droit de préférence sur la dette qui viendra un jour à échéance, ne rompt pas le compte courant qui continue valablement et d'une manière indivisible à l'égard des parties; cet arrêté fictif ne constitue pas une ingérence dans le compte et l'on admet d'autre part qu'il n'est pas nécessaire pour qu'il y ait provision que la dette soit liquidée et arrêtée (Locré, art. 116; Pardessus, II, 293; Vincens, II, p. 191). La question, qui semble du reste s'être rarement présentée devant la jurisprudence, a toujours été tranchée en ce sens, et un arrêt de la Cour de cassation du 20 juin 1854, s'est prononcé très-nettement. L'indivisibilité du compte courant sera donc opposable au porteur, qui prétendrait se faire attribuer immédiatement la provision qu'établirait l'arrêté de compte; mais lorsque le compte sera clos, il nous semble très-possible d'accorder au porteur le droit à la provision constatée au jour de l'échéance par l'arrêté fictif.

Ceci se comprend très-bien dans le cas où, à la clôture du compte, le tiré est encore débiteur, comme il l'était au moment de l'échéance; mais nous pensons qu'il faut maintenir notre décision, même dans le cas beaucoup plus fréquent où le tiré, ayant été débiteur au moment de l'échéance, est devenu ensuite créancier, et se retrouve finalement débiteur à la clôture du compte; dans ce cas, quelques arrêts semblent voir une libération du tiré dans les avances qu'il a faites postérieurement à l'échéance; mais nous avons établi que les remises ne sont pas des paiements; c'est donc au moment de l'échéance que se fixe l'existence de la provision et les nouvelles remises ne portent aucune atteinte au droit acquis par le porteur. Si, au moment de la clôture du compte, il y a plusieurs porteurs de lettres de change tirées à des époques différentes, la provision sera attribuée d'abord au porteur de l'effet premier en date, et s'il y a un reste, à chacun des porteurs subséquents (Rouen, 24 avril 1845; Sir., 1847, II, 65). La provision existe donc sur le solde définitif, et le porteur ne peut arrêter le compte pour réclamer au tiré le paiement immédiat; mais il peut opérer un arrêté fictif qui ne rompt pas l'indivisibilité du compte courant.

2° Nous allons retrouver une même exception à l'indivisibilité à l'égard des tiers dans une espèce sur laquelle nous aurons d'ailleurs à revenir, à propos des effets de l'hypothèque attachée aux comptes courants. Une ouverture de crédit de 100,000 fr. est faite en compte courant pour six années et une hypothèque est prise pour sûreté de la créance éventuelle de 100,000 fr. par le créditeur, qui mentionne dans l'inscription la clause limitant à six ans la durée du compte courant. Au bout de six ans le compte n'est pas arrêté et il n'est clos que deux ans plus tard. A ce moment les autres créanciers du crédité prétendent que le droit hypothécaire ne garantit pas la créance du solde définitif, parce que la prorogation du compte valable entre les parties ne peut avoir à leur égard aucun effet. La Cour de cassation a reconnu la justice de cette prétention dans un arrêt du 22 mars 1852 (Sir., 52, I, 307) dont voici quelques motifs : « Attendu » que l'existence de la garantie hypothécaire, dans ses » effets à l'égard des tiers, n'est pas soumise aux mêmes » conditions et ne dépend pas des mêmes règles que la » détermination de la qualité de la dette résultant du » compte courant; que si la prorogation du compte » courant, qui était dans le droit des parties, a dû pro» duire entre elles tous ses effets; si un tel compte, dont » les articles de débit et de crédit forment jusqu'à la » clôture un tout indivisible, ne donne tant qu'il court

» qu'un résultat provisoire et ne présente que quand il » a pris fin un solde définitif, ces circonstances modifi- » catives des droits des parties, en leur qualité de créan- » cière et de débitrice l'une de l'autre, n'ont pu à l'égard » des tiers grever la situation hypothécaire du crédité » au delà de ce qu'elle était au jour auquel l'inscription » hypothécaire déclarait que le compte courant serait » arrêté..... » La créance hypothécaire doit donc être fixée au jour où, d'après la convention des parties, portée par l'inscription à la connaissance des tiers, le compte courant devait être arrêté. Si les parties prorogent le compte, les créanciers du crédité arrêteront fictivement le compte pour établir quelle était à l'expiration des six ans convenus la quotité de la créance hypothécaire. Si le solde est à ce moment de 50,000 fr. et si, à la clôture définitive, il est de 100,000 fr., la garantie hypothécaire ne s'applique pas à ce solde définitif.

Mais ne s'y appliquerait-elle pas, si, comme cela se présentait dans l'espèce soumise à la Cour de cassation, le solde définitif était inférieur au solde établi par l'arrêté fictif à l'expiration du temps fixé par la convention primitive? Au bout des six années, le solde du compte était de 150,000 fr. contre le crédité; le solde définitif était de 50,000 fr. Les créanciers hypothécaires prétendaient qu'à l'expiration des six ans, le compte courant cessant d'être indivisible à leur égard, les remises postérieures étaient des paiements qui avaient éteint la dette primitive et, par suite, l'hypothèque qui y était attachée. — Ce raisonnement ne nous semble pas devoir être admis, car l'équité et les principes s'opposent à cette solution. En effet, si le solde définitif du compte prorogé n'aggrave pas la situation hypothécaire du crédité et qu'au contraire elle l'améliore, les créanciers n'ont plus d'intérêt à critiquer la prorogation. La créance, qui était garantie hypothécairement jusqu'à concurrence de 100,000 fr. au jour fixé pour la clôture, n'est plus que de 50,000 fr.; n'est-il pas équitable qu'elle soit garantie au moins pour 50,000 fr.? Les principes d'ailleurs sont complétement d'accord ici avec l'équité : les tiers ne peuvent pas plus que les parties rompre l'indivisibilité par un arrêté de compte réel, et si on les autorisait à nier cette indivisibilité à leur égard, il faudrait, pour être logique, les autoriser à pratiquer des saisies-arrêts sur ces remises postérieures, qui ne seraient plus que des paiements; or on n'a pas osé aller jusque-là. Nous pensons donc que la Cour de Paris, devant laquelle l'affaire avait été renvoyée, a eu raison de rejeter ces prétentions. Le droit des tiers se borne à fixer par un arrêté de compte fictif l'étendue de la garantie hypothécaire qui leur est opposable; s'ils peuvent se prévaloir des remises pour y trouver une cause d'extinction partielle ou totale de la dette antérieure, ils ne peuvent s'en prévaloir que de la manière dont cette extinction a pu avoir lieu, c'est-à-dire selon les règles du compte courant. Si donc le solde définitif est inférieur au solde existant à l'expiration du délai convenu, l'hypothèque garantit ce solde parce que les tiers n'ont plus d'intérêt à détruire l'indivisibilité du compte courant ou du moins que l'intérêt qu'ils y auraient ne serait plus compatible avec le droit des parties.(En ce sens, Aubry et Rau, § 266, texte et note 68; Paul Pont, *Priv. et hypoth.*, II, n° 716.)

3° Voici une autre espèce : Une donation de biens présents et à venir doit, aux termes de l'art. 1084, être accompagnée d'un état des dettes du donateur au moment de la donation ; si un donateur de biens présents et à venir omet dans cet état les différences de comptes courants existant entre lui et des tiers et qui se soldent à cette époque contre lui, devra-t-on dire que l'état est incomplet ? Le donataire, contre qui on avait soulevé cette question de violation de l'art. 1084, répondait que les comptes courants n'étant pas clos au jour de la donation, il n'y avait pas à cette époque de dettes, puisque le compte courant est indivisible ; jusqu'à la clôture de ces comptes personne n'étant débiteur, on ne peut, disait-on, contraindre le donateur à comprendre dans l'état de ses dettes le solde actuel d'un compte courant, qui aujourd'hui sans doute le constitue débiteur; mais qui pourra demain le constituer créancier. — Nous ne pensons pas que ces objections soient décisives. Le donateur pouvait facilement, sans détruire l'indivisibilité des comptes courants, les arrêter fictivement au jour de la donation et déterminer à cette époque les soldes dont ils le constituaient débiteur, et il y a certainement là un passif actuel; si donc ce calcul est possible, sans détruire l'indivisibilité du compte qui peut continuer avec ses effets entre les parties, l'on peut l'exiger pour remplir la prescription de l'art. 1084. D'ailleurs si on admettait que le donateur en fût dispensé, il y aurait de grandes fraudes à redouter, car ces comptes peuvent se solder par de très-fortes différences et il y aurait là une véritable dissimulation de dettes, que la loi a voulu prévenir. La Cour de Montpellier (Sir., 61, 2, 470) et après elle la Cour de cassation (13 nov. 1861, Sir., 1862, 1, 62) ont ainsi décidé qu'une déclaration de dettes annexée à une donation de biens présents et à venir serait incomplète, si on n'y joignait pas la balance actuelle des comptes courants se soldant à cette époque contre le donateur. C'est qu'en effet on ne rompt pas l'indivisibilité du compte courant en établissant cette balance ; il n'y a qu'un arrêté fictif qui n'influe pas sur la situation des parties en compte courant.

Nous pouvons donc, d'après ces quelques espèces, dégager les principes qui doivent réglementer l'intervention des tiers dans les relations de compte courant. Les tiers, comme les parties, peuvent, par des arrêtés purement fictifs, déterminer la situation qui résulte du compte, parce que cette opération n'a pas pour effet de rompre l'indivisibilité du compte. Mais ils n'ont pas le droit de procéder à des arrêtés de compte réels, d'extraire du compte courant une créance à leur profit, d'y chercher l'extinction d'une dette ; ils ne peuvent invoquer une opération entrée en compte courant, qu'à la condition de se conformer aux principes du compte courant et d'en respecter l'indivisibilité, qui en est un caractère essentiel et un élément constitutif. Tout ce que l'on peut leur accorder, c'est cette faculté de procéder à des arrêtés fictifs, qui ne détruisent pas l'indivisibilité ; et cette solution nous semble concilier à la fois l'intérêt des tiers et des parties, sans porter atteinte à leurs droits respectifs.

CHAPITRE V.

DES INTÉRÊTS EN COMPTE COURANT.

§ 1. *De la règle suivant laquelle les intérêts en compte courant courent de plein droit.*

En compte courant, les intérêts courent de plein droit : chacune des remises porte intérêt au profit du remettant, sans qu'il soit besoin d'une convention expresse. La jurisprudence et la doctrine sont complétement d'accord pour reconnaître cet effet du compte courant ; mais il faut observer qu'il n'y a pas là un effet essentiel du compte courant et qu'on peut, bien que cette hypothèse ne se présentera que très-rarement, concevoir un compte courant sans intérêts ; c'est donc un effet qui n'est pas de l'essence, mais de la nature du compte courant.

La règle suivant laquelle les intérêts courent de plein droit en compte courant est, disons-nous, unanimement reconnue ; mais il s'est élevé quelques controverses sur le fondement juridique de cette règle. Les uns en ont cherché l'explication dans l'art. 2001 du Code civil, qui porte que les avances faites par un mandataire produisent intérêt de plein droit. D'autres ont prétendu la trouver dans l'art. 1936, qui rend le dépositaire comptable des fruits de la chose déposée. Pour les premiers le remettant est donc un mandataire, pour les seconds un déposant. Nous croyons peu nécessaire de reproduire les longues discussions auxquelles ont donné lieu ces divers systèmes, parce que la règle qu'on veut expliquer est constante. Disons seulement que, si en certains cas, le remettant peut être envisagé comme un mandataire, il faudra dans d'autres de grands efforts d'imagination pour trouver des points d'analogie entre ces deux situations. Quant à l'art. 1936, il suffit d'en lire la fin pour voir que la règle qu'il pose pour les fruits, ne s'applique pas aux intérêts. L'explication la plus simple nous semble ici la meilleure : les intérêts en compte courant courent de plein droit, parce que tel est l'usage du commerce fondé sur la nature même du compte courant. Il est de principe que, dans le commerce, l'argent n'est jamais réputé improductif, et qu'en conséquence il doit donner naissance à des intérêts. D'ailleurs, si dans les cas ordinaires on exige une demande en justice, ici la demande en justice est impossible, puisqu'en s'engageant en compte courant le remettant renonce à réclamer actuellement sa créance. La règle que les intérêts courent de plein droit en compte courant est donc une juste compensation de la privation du droit de demande que s'est imposée le remettant jusqu'au jour de la balance du compte. La Cour de cassation, en admettant cette règle, n'en a pas donné d'autre explication que les usages commerciaux : « Attendu, dit-elle dans un arrêt du 11 janvier 1841, que l'arrêt a reconnu en fait que les opérations intervenues entre les parties étaient commerciales, que les versements qu'elles se sont réciproquement faits soit en marchandises, soit en espèces, étaient réglés en compte courant, d'où il suit qu'il a pu conformément à la loi et aux usages du commerce, accorder les intérêts des avances à celle des parties quiles avait faites..... (Cass. 11 janv. 1841. Sir. 1841,I, 636).

Cette règle, reposant sur les usages du commerce, s'applique sans difficulté entre deux commerçants ; elle s'applique également sans aucun doute entre deux particuliers, quand le compte courant existant entre eux ne se compose que d'opérations commerciales. S'il s'agit d'un commerçant et d'un non commerçant, il n'y a pas de raison, si l'intérêt court de plein droit au profit de l'une des parties, de ne pas étendre cette règle au non-commerçant dans un contrat qui repose sur une juste réciprocité des droits des parties. La question devient plus délicate quand le compte existe entre deux non-commerçants pour affaires non commerciales. On peut soutenir que ces particuliers, en entrant en relations de compte courant, ont implicitement entendu se soumettre à toutes les conséquences qui en résultent habituellement. Nous pensons néanmoins que dans cette hypothèse, qui d'ailleurs se présentera bien rarement en fait, il faudra dire que la règle purement commerciale dont nous parlons se trouvera sans application dans ces relations essentiellement civiles ; sans doute on peut dire qu'il y a une convention tacite, mais cette convention tacite, qui pourrait se comprendre s'il s'agissait d'un effet essentiel du compte courant, est plus difficile à sous-entendre à propos d'un effet qui est seulement de la nature du compte courant. Nous pensons donc qu'il faut en pareil cas une convention spéciale, parce que nous sommes en matière civile.

§ 2. *Des usages relatifs à la perception des intérêts en matière de compte courant.*

Nous allons maintenant rechercher la validité, au point de vue du droit, des usages introduits dans les comptes-courants par la pratique, relativement aux modes de calcul et de perception des intérêts. C'est en matière de banque que se sont souvent présentées les diverses questions qu'ont soulevées ces pratiques, parce que le banquier, qui est à proprement parler un marchand d'argent, doit chercher son bénéfice dans l'intérêt qui constitue le prix ou plus exactement le loyer de sa marchandise; mais comme il doit lui-même se procurer cet argent, il faut qu'il trouve la rémunération de son travail et de ses démarches dans la différence du taux de l'intérêt qu'il sert avec celui de l'intérêt qu'il se fait servir. Or la loi de 1807 avec ses dispositions restrictives lui oppose des barrières qu'il cherche à franchir; nous allons examiner quelles sont celles des pratiques de banque qui violent la loi de 1807, et quelles sont celles qui échappent à l'application de cette loi.

La loi de 1807 a été vivement attaquée et l'on a été jusqu'à soutenir qu'elle devait cesser d'être appliquée et être laissée de côté comme une vieillerie surannée; l'on peut dire qu'elle n'aurait pas vécu jusqu'à nous sans les violations qu'elle subit tous les jours.

Aussi ne méconnaissons-nous pas l'utilité et même la nécessité d'une réforme législative; mais tant que la loi est debout, nous pensons qu'il ne faut pas se laisser aller à la tentation d'en éluder les conséquences. Les circonstances économiques sont sans doute loin d'être les mêmes qu'en 1807; le commerce et l'industrie ont, depuis cette époque, réalisé des progrès qu'on ne pouvait prévoir alors, mais la loi reste toujours la même et empreinte des idées économiques de son temps, et c'est dans cet esprit même qu'il faut l'appliquer. Tant qu'une disposition législative ne viendra pas l'abroger, il faudra lui obéir; et c'est précisément en en faisant ressortir les inconvénients et les dangers par une interprétation stricte, que l'on fera comprendre la nécessité de son abrogation ou au moins d'une réforme qui la mette en harmonie avec les nécessités du commerce moderne, tout en la protégeant contre le terrible fléau de l'usure.

La jurisprudence, placée en face des exigences de la pratique, s'est trouvée souvent embarrassée et a quelquefois reculé devant l'application d'une loi faite pour un temps si différent du nôtre. Mais cette loi s'imposait à elle et il en résulte qu'on constate dans ses décisions une certaine hésitation et souvent de brusques variations. En résumé, elle semble portée à écarter la loi de 1807 quand elle reconnaît chez le banquier, qui viole la loi, l'intention de réaliser, non pas un bénéfice exorbitant, mais seulement le juste prix de ses démarches, de ses risques et de ses services. Nous trouvons ce caractère général de la jurisprudence actuelle parfaitement exprimé dans ces paroles d'un avocat général (1) : « La haute banque est une industrie utile, honorable et qui

(1) Réquisitoire de M. Raynal, avocat général. Aff. Mallet.

doit être honorée; il faut donc la traiter largement, sans mesquines chicanes et lui laisser, tant qu'elle se meut dans le cercle de la loi, ses coudées franches et ses allures libres; mais si elle se laisse aller à des pratiques injustes en elles-mêmes, oppressives et écrasantes pour ceux avec qui elle traite, si elle cherchait des bénéfices illicites dans des combinaisons qui ne souffrent pas le grand jour, il faudrait l'arrêter par un avertissement sévère. » Tel est le point de vue auquel semble se placer aujourd'hui la jurisprudence et ceci nous explique les hésitations, les contradictions et les variations que nous allons y rencontrer sur les questions que nous allons examiner. Quant à nous, nous les résoudrons toutes par la stricte application de la loi de 1807, toutes les fois que nous en rencontrerons la violation dans les usages de la banque.

On a bien essayé de prétendre que la loi de 1807 ne s'appliquait qu'au prêt d'argent et que cela résultait du texte même de ses articles ; d'où il s'ensuivrait que les intérêts perçus en compte courant échapperaient à la limitation du taux de l'intérêt ; mais ce système ne nous paraît pas soutenable et n'a rencontré que des partisans timides et hésitants. On semble en effet oublier le titre même de la loi qui est : Loi sur l'intérêt de l'argent ; et quant à l'emploi du mot *prêt* fait dans le texte des articles, il ressort des motifs mêmes de la loi que ce mot, au point de vue où le législateur de 1807 se plaçait, comportait une extension qu'il n'a pas habituellement. Notons ici que si cette loi s'applique au compte courant, ni la convention, ni l'usage ne peuvent se soustraire à ses dispositions, parce que c'est une loi essentiellement d'ordre public, comme l'exposait dans son rapport le conseiller d'État Jaubert.

La loi de 1807 fixe le taux maximum de l'intérêt à 6 0|0 entre négociants : à 5 0|0 entre particuliers. Si un compte courant existe entre deux commerçants, le taux maximum sera donc 6 0|0 ; entre deux particuliers, si le compte courant ne comprend pas d'opérations commerciales, le taux sera de 5 0|0. Mais si un compte existe entre un commerçant et un non-commerçant pour affaires non commerciales, la question est plus délicate. Nous pensons que le taux maximum sera celui de 6 0|0. D'une part le commerçant pourra exiger 6 0|0 ; car la loi de 1807 en fixant le taux des intérêts en matière commerciale à un chiffre plus élevé que celui des intérêts civils a eu égard à la plus grande valeur qu'acquiert l'argent dans le commerce ; elle faisait une application d'une maxime italienne souvent citée : « *Plus valet pecunia mercatoris quam pecunia non mercatoris.* » Nous serons donc en matière commerciale toutes les fois qu'il y aura une opération commerciale ou un commerçant. La question n'est pas douteuse quand il s'agit du compte courant existant entre un banquier et son client ; dans cette espèce particulière, la jurisprudence est parfaitement établie, et nous ne citerons pas les nombreux arrêts rendus en ce sens. — Quant aux remises qui sont faites par le non négociant, elles doivent également, et nous dirons même à plus forte raison, produire un intérêt de 6 0|0 ; car la loi de 1807 a entendu protéger l'emprunteur et il n'est pas permis de faire d'une loi de protection pour lui, une loi de persécution contre lui. Si on permet à son correspondant de faire des remises produisant un intérêt de 6 0|0, il serait injuste de lui enlever le droit d'exiger des intérêts d'un taux égal, sinon on dénaturerait le véritable sens de la loi de 1807. Cette solution est également admise par la jurisprudence, et nous sommes sur ce point complétement d'accord avec elle.

Nous allons maintenant examiner quelques-unes des pratiques usitées dans les comptes courants de banque pour échapper à la loi de 1807 et se soustraire à la limitation de taux qu'elle impose.

I. En banque on a pris l'habitude de considérer 90 jours comme formant le quart d'une année et 360 jours comme formant l'année entière; cet usage fort général est pratiqué dans toute l'Europe, parce qu'en effet, il simplifie les calculs de la manière la plus avantageuse. Mais si l'on suppose que le taux des intérêts ainsi calculés soit le taux maximum 6 0|0, il s'ensuit qu'il y a dans cette pratique une double usure tombant sous le coup de la loi de 1807. En effet, d'une part, l'année quoique abrégée donne toujours naissance à l'intérêt intégral dû pour une année au taux maximum, et d'autre part, il y a perception d'intérêts sur les cinq jours qui complètent l'année ordinaire. Néanmoins la jurisprudence a hésité à condamner cette pratique vraiment usuraire. La Cour de Rouen a pensé que ce mode de calcul pouvait être autorisé en cas de convention expresse (Rouen, 19 juin 1847. *J. du P.* 1848, t. II, p. 10). La cour de Grenoble l'a déclaré en tout cas licite (Grenoble 1er avril 1846. Sir. 1846, I, 433); mais la Cour de cassation cassa cet arrêt (Sir. ibid.) en déclarant dans ses motifs qu'on ne peut invoquer l'usage pour abroger les dispositions d'une loi, non plus qu'une prétendue facilité de compte, qui, fût-elle réelle, ne saurait prévaloir sur un texte formel de loi.

2. Une pratique également usuraire, et nous ne pensons pas que pour celle-ci des doutes aient été soulevés, est la suivante. Un banquier qui fait une ouverture de crédit en compte courant exige que chacune des remises qu'il fait soit couverte par des billets du crédité pour un même chiffre ou des lettres de change à son ordre; si le crédité, par exemple, a besoin de 1,000 fr., il remettra à son banquier des billets pour 1,000 fr.; à chaque remise en espèces faite par le banquier doit correspondre une remise en valeurs faite par le crédité. Mais le banquier au lieu de remettre 1,000 fr. à son client, retient l'escompte des billets qu'il a reçus, soit pour un billet de 1,000 fr. payable à trois mois un escompte à 6 p. 100 de 15 fr.; au lieu de remettre 1,000 fr. il remettra 985 fr. et se créditera de 1,000. Il y a donc là prélèvement de l'intérêt au moment de la remise, ce qui, en compte courant comme dans le prêt, est une pratique manifestement usuraire. Sans doute, l'on peut dire qu'il y a retenue non de l'intérêt mais de l'escompte; sans vouloir trancher la question du caractère juridique de l'escompte, nous pouvons dire que dans notre espèce où le billet porte la signature unique de l'endosseur qui le cède, le doute ne nous semble pas permis; l'escompte est non un prix de vente, mais un véritable

intérêt. Nous pensons donc qu'en pareil cas il y aura usure. (Paignon, *Théorie des opérat. de banque*, n° 147 ; Bédarride, *Traité du dol et de la fraude*, n° 1140).

3. Nous condamnerons également comme usuraire la convention fréquente en banque, par laquelle le banquier stipule qu'il percevra l'intérêt, non pas du jour où il aura payé les traites fournies sur lui par l'autre partie, mais du jour où il aura accepté, parce qu'à dater de ce jour, il doit se procurer de l'argent. Il y a usure, parce qu'on ne peut exiger d'intérêts pour une somme non fournie. Il faut dire de même, malgré un arrêt de Colmar, du 11 mai 1842 (*J. du P.*, 1843, t. I, p. 10), qu'il y a pour la même raison usure quand le banquier, indépendamment de toute acceptation, fait courir les intérêts un certain temps avant le paiement des effets fournis sur lui, en se créditant de ces effets un certain nombre de jours avant l'échéance.

4. Il y a une série de conventions très-usuelles en banque, qui ont toutes pour même but d'établir au point de vue des intérêts une inégalité de situation entre les deux parties au profit du banquier. C'est ainsi que le banquier convient que les remises par lui faites produiront des intérêts au taux de 6 p. 100, tandis que les remises faites par son client n'en produiront pas, ou tout au moins en produiront à un taux inférieur, 4 p. 100. Cette convention est-elle usuraire? Nullement, a-t-on dit; car le banquier en pareil cas ne prend pas plus de 6 p. 100 à raison de ses avances : il ne lui est pas défendu de convenir qu'il empruntera à 4 p. 100; la perception d'intérêts, qui n'est pas usuraire, lors-

qu'elle est prise en elle-même et isolément, ne peut devenir usuraire parce qu'elle est comparée à une autre. Cela serait parfaitement exact, si l'on n'était pas en compte courant : en compte courant toutes ces perceptions sont confondues en une masse unique d'intérêts reçus et d'intérêts servis, se compensant finalement ; en abaissant l'intérêt d'un côté, on l'élève de l'autre. Ainsi supposons une remise de 20,000 fr. par le banquier, et à la même époque une remise de 10,000 fr. par son client : au bout d'un an la première au taux de 6 p. 100 a produit 1,200 fr. d'intérêts, la seconde à 4 p. 100 a produit 400 fr. Le solde créditeur de 10,000 fr. a donc rapporté au banquier 800 fr. au bout d'un an : il a donc perçu les intérêts au taux usuraire de 8 p. 100. Il y a dans ce cas usure, parce que, le compte courant étant indivisible, on ne peut considérer isolément chacune de ces remises et chacune des perceptions d'intérêts correspondant à ces remises. Ce résultat peut paraître fâcheux, mais il nous semble impossible d'y échapper, toutes les fois que cette différence de taux aura pour effet de donner naissance au profit du banquier à un intérêt de plus de 6 p. 100.

Nous en dirons de même d'une convention qui a le même but, celle par laquelle le banquier stipule que les intérêts courront à partir d'époques différentes pour les deux parties. Ainsi on convient que les remises faites par le banquier produiront intérêt à dater du jour de la remise, tandis que celles faites par le client ne deviendront productives d'intérêts qu'après un certain nombre de jours. C'est, dit-on, que le banquier se prive au jour de la remise de la valeur qu'il donne, et qu'il n'est pas certain de trouver l'emploi des fonds à lui versés au jour où il les reçoit. Ceci est très-exact ; mais le banquier trouvera un dédommagement dans ses droits de commission pour les démarches qu'il a dû faire afin de se procurer l'argent qu'il donne ; quant au préjudice qu'il éprouve en servant des intérêts pour une somme à lui versée inopinément et dont il n'a peut-être pas l'emploi immédiat, on peut dire que le banquier, par suite même de la nature de sa profession, sera moins embarrassé qu'un autre pour en faire le placement. Du reste, la loi de 1807 est formelle, et, si la convention dont nous parlons donne naissance à une perception usuraire, il faut l'appliquer (*Contrà*, Colmar, arrêt du 11 mai 1842).

Il faudrait encore moins hésiter à l'appliquer dans le cas où le banquier pour les sommes décaissées par lui, ferait remonter les intérêts plusieurs jours en arrière, sous prétexte qu'il est obligé de garder ces sommes d'avance dans sa caisse. Comme on l'a très-bien fait remarquer dans une note du recueil de Dalloz (D. P. 1874, II, 141), cette assertion est inexacte : si le décaissement était prévu par le banquier, il a pu et dû combiner ses placements pour avoir son argent disponible au moment où il en aurait besoin. Si c'est une somme qu'on lui demande à l'improviste, il est maître de la refuser, s'il ne l'a pas ; s'il la donne, il ne l'avait pas fait exprès venir d'avance dans sa caisse, puisqu'il ne savait pas qu'on la lui demanderait.

Mais si l'on doit appliquer ainsi rigoureusement la loi

de 1807, il ne faut pas, par un excès contraire, la détourner de son véritable sens et l'étendre à des hypothèses, où elle est hors de cause. C'est ainsi que l'on pourra valablement convenir que le solde ne portera pas intérêt, s'il est au profit de l'une des parties, tandis qu'il en portera s'il est au profit de l'autre, ou bien encore que le taux des intérêts du solde sera différent suivant que le solde sera contre l'une ou contre l'autre des parties. Dans ce cas, en effet, il ne s'agit plus comme tout à l'heure de perceptions ayant perdu leur individualité dans le compte courant; il y a une perception isolée, et les parties sont maîtresses de convenir qu'elles percevront un intérêt inférieur au maximum de la loi, ou n'en percevront pas.

Une autre hypothèse est la suivante : il arrive fréquemment que, dans le but de simplifier les calculs, on escompte les effets reçus en compte courant au jour de la remise, et alors, au lieu de les inscrire au crédit du remettant pour leur valeur nominale intégrale, on les y inscrit pour cette valeur diminuée de l'escompte; mais le récepteur, au lieu de servir les intérêts seulement à partir du jour de l'échéance de l'effet, les sert du jour de la remise. Cet escompte est la compensation des intérêts que le récepteur s'engage à fournir par anticipation pour une valeur non encore encaissée. Seulement, si cela est exact jusqu'au jour de l'échéance, à dater de ce moment, cet équilibre cesse, et le remettant subit une réduction d'intérêts, puisque son capital est réduit; il perd l'intérêt de l'escompte. Il se trouve ainsi dans une situation désavantageuse; mais en supposant que l'escompte ne soit pas en lui même usuraire, il n'y aura pas usure dans cette inégalité de situations que crée l'escompte entre les deux parties. Aussi, n'est-ce pas dans l'application de la loi de 1807, qu'il faut chercher un remède à cet état de choses; il faudra, comme le conseille M. Courcelle Seneuil, qui préconise cette méthode d'écritures, convenir d'une compensation équitable à donner à l'ayant-compte.

Capitalisation des intérêts en compte courant. — Nous arrivons maintenant à une pratique fort importante, usitée dans tous les comptes courants, admise par une jurisprudence aujourd'hui constante et qui viole manifestement à la fois la loi de 1807 (1) et l'art. 1154 du Code civil; nous voulons parler de la capitalisation des intérêts.

Il est d'usage d'arrêter le compte courant à certaines époques périodiques, par exemple, tous les ans, plus souvent tous les six mois, quelquefois tous les trois mois, sans pour cela interrompre les relations commencées; c'est un moyen pour les parties de connaître quelle est au juste leur situation respective. A chacun de ces arrêtés de compte, on établit la balance des crédits et débits réciproques, et, comme le compte courant continue, ce solde, qui comprend nécessairement les intérêts des remises faites jusqu'à ce jour, est reporté à nouveau et forme le premier article du compte suivant. Il en résulte que les intérêts des remises faites dans la période pré-

(1) Lorsque le taux de l'intérêt est déjà de 5 0/0 ou 6 0/0; ce qui sera très-fréquent.

cédente produisent à leur tour des intérêts : il y a anatocisme.

Or, la convention d'anatocisme est soumise par l'article 1154 à des conditions rigoureuses, parce que cette convention, proscrite complétement par le droit romain et notre ancien droit, offre les plus grands dangers en menant à sa ruine le débiteur sans qu'il s'en aperçoive ; sa dette grossit insensiblement sans qu'il puisse s'en rendre compte. Aussi, l'art. 1154 n'a-t-il autorisé l'anatocisme qu'aux conditions suivantes : « Les intérêts échus » des capitaux peuvent produire des intérêts ou par une » demande judiciaire, ou par une convention spéciale, » pourvu que, soit dans la demande, soit dans la con- » vention, il s'agisse d'intérêts dus pour une année en- » tière. »

On exige donc une convention spéciale ou une demande en justice ; il faut, en second lieu, que les intérêts soient actuellement échus ; enfin, qu'ils soient dus pour un an. La pratique ne soumet à aucune de ces conditions la capitalisation des intérêts en compte courant ; il y a donc violation formelle de l'art. 1154, et le plus souvent en même temps de la loi de 1807.

Si nous examinons d'abord la capitalisation annuelle, nous y trouvons, même au cas où une convention spéciale interviendrait sur ce point, une violation de l'art. 1154. La convention expresse et postérieure à l'échéance réalise, il est vrai, deux des conditions ; mais en supposant un compte courant ouvert le 1er janvier 1874 et clos le 1er janvier 1875, il n'y aura d'échus à cette dernière date que les intérêts des remises faites le 1er janvier 1874 ; les remises faites dans le courant de l'année ont produit des intérêts, qui ne sont pas échus pour un an encore et échappent par conséquent à une capitalisation actuelle ; on ne pourra capitaliser en bloc les intérêts dus pendant l'annee que le 1er janvier 1876. (Sic. jug du trib. de Liège rapporté dans Dalloz, v° *Compte courant*). M. Feitu pense que cette rigueur est trop grande et admet la capitalisation annuelle, pourvu qu'il intervienne une convention expresse à l'expiration de l'année : si le compte courant est soumis à l'art. 1154, du moins le commerce, dit-on, ne peut l'y appliquer qu'autant que le lui permet la nature de cette institution. Nous n'hésitons pas à repousser une opinion aussi peu justifiée ; du moment qu'on applique l'art. 1154 et qu'on le reconnait applicable au compte courant, il faut l'appliquer dans sa rigueur, parcequ'il est d'ordre public. La jurisprudence admet sans réserves la capitalisation annuelle des intérêts : elle n'exige même pas une convention spéciale : il suffit que le compte soit effectivement arrêté et balancé et qu'en cet état il soit approuvé expressément ou tacitement par le correspondant qui l'a reçu. (Orléans 27 août 1841. Paignon *Opér. de banque* n° 171, 172, 173.)

La capitalisation des intérêts à des intervalles plus rapprochés viole également l'art. 1154 dont aucune des prescriptions n'est alors remplie. L'art. 1154 n'est pas applicable, dit-on, au compte courant. Sans doute, l'anatocisme y présente moins de dangers et cette capitalisation d'intérêts rend de grands services au point de vue du calcul ; mais cet article, nous l'avons dit, est d'ordre public; il s'applique donc au compte courant comme à toutes les matières. On a allégué en faveur de ces capitalisations semestrielles ou trimestrielles les usages du commerce. Ces usages peuvent-ils prévaloir contre une loi? Peuvent-ils même être le fondement d'une convention tacite permise? Non puisque la loi est d'ordre public. On a invoqué la nécessité pour les commerçants d'établir leur situation à des intervalles rapprochés? — Ne peuvent-ils pas le faire sans capitaliser les intérêts? — Il y a, dit-on, réciprocité de situation entre les deux parties, puisque chacune est alternativement débitrice ou créancière. — Est-ce une raison, en supposant qu'en fait ces alternatives se produisent, pour permettre aux deux parties de violer réciproquement l'art. 1154? On n'a pas donné d'autres motifs pour écarter l'art. 1154; nous croyons donc qu'il faut l'appliquer et condamner comme contraires à cet article les capitalisations trimestrielles ou semestrielles d'intérêts. Cette solution, nous le savons, jetterait si elle était adoptée un trouble considérable dans les opérations commerciales, et il est à désirer que le législateur intervienne pour mettre la prohibition de l'anatocisme en harmonie avec les besoins du commerce; mais jusque-là il faut l'appliquer: *dura lex, sed lex!*

La jurisprudence placée en face des nécessités journalières de la pratique n'a pas osé faire cette application rigoureuse des textes, elle a déclaré l'art. 1154 inapplicable aux comptes courants; elle admet donc avec une presque unanimité les capitalisations d'intérêts en compte courant tous les six mois et même à des intervalles plus rapprochés. Mais elle n'a pas admis ce système d'une manière absolue, et, soustrayant ces pratiques aux prohibitions de la loi, elle les a soumises à certaines conditions ne reposant sur aucun texte et tout arbitraires. Ces conditions fort sages, inspirées à la fois par les besoins du commerce et les dangers de l'usure, constituent ainsi un système complet, dont le législateur pourrait avec fruit s'inspirer dans la réforme que nous désirons; mais, nous le répétons, il viole l'art. 1154. Nous devons cependant, à cause de l'intérêt pratique qui s'attache à ce système presque unanimement admis, exposer les principales conditions auxquelles on a subordonné la validité de ces capitalisations d'intérêts.

Ces conditions sont les suivantes : 1° Il faut que le compte existe contre commerçants ou qu'il s'agisse d'affaires commerciales. — En effet en dehors de ces hypothèses, on n'a plus pour écarter l'art. 1154 le prétexte de l'usage et des nécessités du commerce (Cass. 18 mars 1850. Sir., 1850, 1, 438).

2° Il faut qu'il y ait eu convention spéciale. — On a voulu éclairer ainsi les parties sur le danger provenant de l'accumulation rapide des intérêts (Cass. 12 mars 1851. Sir., 51, 1, 403). Quelques arrêts exigent non pas une convention de capitaliser, mais simplement une convention d'arrêter le compte tous les trois mois ou tous les six mois. M. Pardessus pense même qu'aucune convention n'est nécessaire, parce qu'elle est nécessairement sous-entendue par l'usage. (Dalloz, n° *Compte courant*, p. 593.)

3° Il faut que le compte ait été effectivement arrêté

aux époques convenues (Cass. 14 mai 1850. Sir., 1850, 1, 141). Celui qui est constitué débiteur est prévenu ainsi de sa situation; et d'autre part la Cour de cassation déclare que chacun de ces arrêtés de compte constitue une dette liquide et exigible, de telle sorte qu'il constitue un capital indépendant du compte précédent.

Nous répondrons que pour qu'il y ait exigibilité du solde, il faudrait un arrêté réel, et non un arrêté fictif, comme celui qui a lieu à ces époques rapprochées; néanmoins nous pensons que la jurisprudence, du moment qu'elle écarte l'art. 1154, fait bien de parer aux dangers qu'offre ce système. M. Pardessus (*loc. cit.*) et M. Delzons (*Rev. prat.* XVII, p. 289) contestent au contraire cette nécessité d'un arrêté effectif.

4° Il faut enfin, mais cette condition n'est pas aussi unanimement admise, que le compte courant soit réciproque; dans un compte courant simple, c'est-à-dire dans un compte où il n'y aura de remises que d'un seul côté la capitalisation n'est plus possible.

Telle est la réglementation que la jurisprudence a introduite dans le système qui exclut des comptes courants l'application de l'art. 1154; quelque sages que soient ces tempéraments, nous avons dit les raisons qui nous faisaient suivre l'opinion contraire.

CHAPITRE VI.

DU DROIT DE COMMISSION EN COMPTE COURANT.

En compte courant les banquiers, outre l'intérêt de leurs remises, perçoivent un droit de commission. Ce droit est-il légitime? A-t-il des limites? Peut-il se percevoir sur toutes les opérations du compte courant? Telles sont les trois grandes questions qui se posent en cette matière.

§ 1. *Le droit de commission perçu par les banquiers en sus des intérêts est-il légitime?* — On a soutenu que le droit de commission était seulement un intérêt déguisé sous un autre nom et sans fondement légitime. Le prétendu louage de services, dont il serait le prix, étant entré comme élément d'appréciation dans les données qui ont amené le législateur à élever le taux de l'intérêt en matière commerciale, la commission serait usuraire, toutes les fois que, jointe à l'intérêt, elle franchirait le maximum imposé par la loi de 1807.

Cette doctrine nous semble inexacte : en fixant à 6 0[0 le taux de l'intérêt pour les commerçants, la loi a eu égard à la valeur de l'argent dans le commerce et aux risques des prêts commerciaux; mais le banquier, déjà soumis à ces nécessités communes à tous les commerçants, se trouve par la nature particulière de sa profession, obligé à des frais et à des démarches, que n'ont pas à faire les autres commerçants.

Il est marchand d'argent; l'argent qu'il fournit n'est pas le sien, mais celui qu'il s'est procuré; son rôle d'intermédiaire entre les capitalistes et ceux qui s'adressent à lui nécessite des démarches; il a un comptoir, une patente, des frais généraux; il rend des services que ne suffit pas à rémunérer la différence souvent minime des intérêts qu'il sert avec ceux qui lui sont servis. Le droit de commission, c'est l'indemnité de ses peines et de ses soins; c'est un droit parfaitement distinct de celui des intérêts, qui représentent le loyer de l'argent, l'indemnité de la privation du capital.

Aussi n'hésitons-nous pas à reconnaître avec la jurisprudence la légitimité du droit de commission, qui d'ailleurs est constatée par l'art. 181 du Code de commerce. L'intérêt fût-il de 6 0[0, la perception d'un droit de commission n'est pas en principe usuraire.

§ 2. *Le droit de commission est-il limité?* — Si le droit de commission n'est pas un intérêt, il s'ensuit nécessairement qu'il n'est pas soumis aux restrictions de la loi de 1807 et qu'il dépend de la convention des parties qui le feront varier suivant les circonstances économiques ou financières. Cette solution logique est exacte, mais elle offre un grand danger ; car si le droit de commission n'est pas un intérêt, mais un louage de services, il fournit néanmoins un moyen d'éluder la loi de 1807; s'il est exagéré et en disproportion avec les services qu'il rémunère, il est dans cette mesure sans cause ; qu'est donc alors cet excédant qui n'est la représentation d'aucune indemnité, sinon un intérêt déguisé, tombant dès lors sous l'application de la loi ? Aussi croyons-nous nécessaire d'admettre en cette matière l'intervention des tribunaux pour restreindre le droit de commission, quand il franchit les limites de la juste mesure qui en constitue la légitimité. Il n'y pas là d'inconséquence, comme on l'a prétendu; la loi de 1807, il est vrai, ne s'applique pas au droit de commission ; aucun texte de loi ne fixe une limite à sa quotité essentiellement variable suivant les temps, suivant les lieux, suivant les personnes ; le législateur ne pouvait pas assigner des born à un droit sujet à de telles variations. Mais cette limite, les tribunaux peuvent parfaitement l'apprécier et ils le doivent, parce que, dès que la perception ne répondra plus à un service rendu, il y aura lieu à l'application de la loi de 1807 de cette loi dont les principes peuvent être contestés en économie politique, mais dont l'esprit ne doit pas être méconnu par la jurisprudence chargée d'en surveiller l'application.

La jurisprudence, qui admet unanimement cette solution, fixe le taux du droit de commission *ex bono et æquo*, en tenant compte des circonstances de fait dans lesquelles il se produit. C'est ainsi que certains arrêts ont fixé ce taux à 1|2 0|0, d'autres à 1 0|0, d'autres à 1 1|2 0|0; rien naturellement ne doit être plus variable.

Cette question du taux du droit de commission nous amène à parler d'une autre question fort intéressante : Lorsque la Banque de France, en vertu de la loi de 1857, élève son escompte au-dessus de 6 0|0, les banquiers peuvent-ils, à titre de commission transitoire, élever l'intérêt de leur argent dans la même proportion? L'influence exercée sur le taux des intérêts commerciaux par la

Banque de France permet de présumer que les banquiers, dans l'hypothèse prévue n'ont dû se procurer des fonds qu'à des conditions aussi onéreuses que celles de la Banque de France : il se peut même qu'il soit établi qu'ils se sont adressés à la Banque de France elle-même, ou du moins que par son fait ils ont eu à subir ces conditions.

La jurisprudence, frappée alors de la situation inique qui serait faite en pareil cas aux banquiers, semble aujourd'hui autoriser les banquiers à prendre alors une commission transitoire, quand il sera prouvé que le banquier a dû payer un excédant d'intérêts par le fait de la Banque, et que son client a accepté cette situation. Cette solution est fort équitable avec les deux restrictions qu'y apporte ainsi la jurisprudence : il faut que le banquier ait été obligé de payer un un excédant par le fait de la Banque ; et que le client prévenu de cette situation l'ait acceptée. Cette opinion ne viole pas la loi de 1807, puisqu'elle consacre un droit de commission transitoire et exceptionnel et elle n'est pas lésionnaire pour la partie qui a consenti. Sans doute la loi de 1857 est spéciale à la Banque de France, « mais, dit la Cour de cassation, il » ne s'ensuit pas que les banquiers ne puissent pas, » quand la Banque use de son privilége, sinon porter » eux-mêmes l'intérêt de leur argent au-dessus du taux » fixé par la loi de 1807, au moins convenir avec leurs » clients qu'à titre de commission exceptionnelle et » transitoire, ceux-ci, dûment avertis de la situation, » leur tiendront compte de l'excédant que, par le fait de » la Banque de France, ils auraient été obligés d'acquit-

» ter. » (Cass. 9 juill. 1872. *J. du P.* 1872, p. 709, Dal. 1872, 1. 393.)

§ 3. *Sur quelles opérations le droit de commission peut-il être perçu ?* — La résolution de ces questions repose sur la définition même du droit de commission. C'est, avons-nous dit, la rémunération des démarches et des frais qu'ont entraînés l'opération. Il y a donc commission dûe pour chacune des opérations qui auront nécessité de pareils soins et de tels déboursés ; dans le cas où l'opération n'aura pas exigé de la part du banquier ces peines et ces frais, il n'y aura lieu à aucune commission. Ce principe, dont l'application ne laissera pas souvent que d'être délicate, va nous permettre de résoudre les questions qui se sont soulevées sur ce point.

Nous refuserons d'abord tout droit de commission demandé à raison de remises faites au banquier, en numéraire ; cet encaissement n'a nécessité en effet aucune démarche et aucuns frais. Si au contraire la remise consiste en effets de commerce, dont le banquier crédite le remettant, la légitimité d'un droit de commission est évidente, car le banquier aura à recouvrer et à négocier l'effet, ce qui entraînera pour lui des soins dont il est juste qu'il soit rémunéré. Ce point n'est pas contesté ; mais il ne faudrait pas étendre cette solution aux billets que le banquier se fait souscrire par son client, comme couvertures, parce que ces effets n'entrent pas dans la circulation et ne sont pas de véritables papiers de commerce ; du reste, l'avance même dont ce billet n'est en quelque sorte que la constatation, donne déjà lieu à un droit de commission, et la maxime, *non bis in idem* doit être appliquée à cette double perception qu'engendrerait une seule et même opération.

Quant aux avances en numéraire faites par le banquier, on pourrait dire au premier abord que le décaissement d'une somme existant dans la caisse du banquier n'a donné aucune peine au banquier, et quelques cours lui ont en conséquence refusé en pareil cas le droit de commission. Ce serait oublier les démarches antérieures que le banquier a été par sa profession obligé de faire pour avoir toujours de l'argent disponible et les risques que le vol et l'incendie pouvaient lui faire courir. Il nous semble donc possible d'admettre ici un droit de commission ; cette solution adoptée par la Cour suprême nous semble fort équitable ; un jugement du tribunal de Laon, du 19 août 1847 (Dalloz, 47, 4, 41), a fait une distinction et n'a admis le droit de commission, qu'autant que le compte courant était intervenu après une ouverture de crédit, parce qu'en ce cas seulement le banquier lié à l'avance par sa promesse a été forcé de faire des démarches pour se procurer des fonds ou tout au moins garder dans sa caisse des sommes improductives. Cette décision est restée isolée dans la jurisprudence.

Aucune commission ne sera dûe pour les renouvellements d'effets précédemment souscrits, car cette opération ne donne lieu à aucune peine et à aucun mouvement de fonds.

De toutes les opérations de banque, celle à propos de laquelle la légitimité d'un droit de commission a donné lieu et donne encore lieu aux plus vives controverses, c'est le report à nouveau des balances trimestrielles, ou semestrielles, ou annuelles des comptes courants. Quelques arrêts, et notamment un arrêt de Dijon, du 2 janvier 1865 (Dall., 65, 2, 47), ont admis que ce report des balances pouvait donner lieu à un droit de commission : le banquier, dit-on, s'alimente par la sortie ou la rentrée de ses fonds, il a droit à une commission quand il opère, il doit y avoir droit encore quand, à la fin de chaque trimestre, il laisse à un tiers le montant de cette balance trimestrielle, qui équivaut pour lui à un nouveau décaissement. Si le débiteur lui restituait aujourd'hui, demain il contracterait un nouvel emprunt, lors duquel il ne pourrait se refuser à laisser percevoir un nouveau droit de commission ; pourquoi se plaindrait-il de ce qui est perçu sur l'équivalent de ce nouveau prêt? Il faut répondre que le droit de commission rémunérateur de frais, de soins et de démarches, n'a aucune raison d'être admis en pareil cas ; on ne comprend guère la rémunération accordée pour des services fictifs ; il n'y a qu'une simple passation d'écritures ; si donc il n'y a pas eu de cause légitime à un droit de commission, ce droit n'est dans l'espèce qu'un intérêt déguisé, qu'une perception usuraire.

Mais il y a en outre une autre raison, c'est qu'un droit de commission ne peut être perçu deux fois sur la même somme ; si ce droit peut grever le report à nouveau, il porte sur les intérêts et les droits de commission déjà perçus à propos des opérations qui composent le compte courant ; c'est donc une usure déguisée qui s'exerce sur des sommes qui sont des intérêts capitalisés et le montant de droits de commission antérieurement perçus, si bien qu'on se trouve en face, non d'une commission, mais d'un intérêt perçu sur les intérêts des intérêts, d'une commission de commission. Et si l'on tolère une pareille perception à chaque arrêté trimestriel, c'est, comme on l'a dit, plus que de l'usure, c'est l'habitude de l'usure.

Dans tous les cas où nous avons admis la légitimité d'un droit de commission, nous admettons en même temps, comme nous l'avons dit, le droit pour les tribunaux de réduire ce qui, excédant une juste rémunération, constitue un intérêt déguisé. Mais si cet excédant joint aux intérêts ne dépasse pas le taux légal, cet intérêt déguisé n'est pas usuraire; il n'est pas dû comme commission, mais il est dû comme intérêt et, quel que soit le nom que lui ont donné les parties, il a une cause et une cause non illicite; on peut donc respecter la convention des parties et maintenir le droit de commission. (Sic. Cass. 25 mai 64, Dall. 1864, 1,417.)

CHAPITRE VII.

DE LA CLÔTURE DES COMPTES-COURANTS.

Après avoir étudié les effets du compte courant, il nous reste à voir d'abord comment il se clôt et ensuite quelles sont les conséquences de cette clôture : cette dernière question ne rentre pas aussi directement que la première dans le cadre d'une étude sur les comptes courants, parce qu'à partir de la clôture, le compte courant cessant de courir, d'être *courant*, il perd sa physionomie et son caractère propres pour devenir un compte ordinaire ; il n'y a plus qu'un compte à rendre et ce ne sont plus les règles du compte courant qu'il faut appliquer, mais celles communes à tous les comptes. Nous ne pouvons cependant nous dispenser d'en dire quelques mots, parce que si le compte courant cesse par la clôture de produire ses effets, c'est à ce moment du moins que ces effets se réalisent définitivement.

SECTION I. — *Comment se clôt le compte courant ?*

Il importe de ne pas confondre la balance et la clôture du compte courant : la balance du compte courant, c'est la comparaison du débit et du crédit du compte, que l'on équilibre ensuite en portant la différence à la masse la plus faible.

Lorsque l'on veut clore le compte, il faut nécessairement dresser une balance, mais si la clôture suppose toujours une balance préalable, à l'inverse la balance d'un compte n'est pas nécessairement le préambule d'une clôture ; elle sert alors à fournir à la partie qui la dresse un état exact de sa situation vis-à-vis de son correspondant. Dans la pratique, on dresse ainsi des balances provisoires à des époques périodiques soit tous les ans, soit tous les six mois, soit tous les trois mois, et nous avons vu que l'on s'en servait pour capitaliser les intérêts. Ces balances ne sont que des opérations provisoires, tandis que la balance qui précède la clôture étant définitive, elle produit des effets définitifs et devra être établie du consentement des deux parties.

La clôture du compte courant, c'est la cessation des relations que la convention de compte courant avait établies entre les parties. Elle peut être volontaire ou forcée.

Clôture volontaire. — La clôture volontaire est celle qui résulte de la volonté expresse ou tacite des parties. A défaut d'une manifestation expresse de volonté, il y aura une question d'intention à apprécier suivant les circonstances de fait; en général l'intention tacite de clore le compte résultera de ce fait, qu'après le dressement d'une balance, toute relation d'affaires a complètement cessé entre les parties, et l'on a jugé que l'envoi périodique du compte, après cet arrêté, ne suffirait pas pour établir une intention contraire; mais il n'y a pas de règles à poser, car il y aura une question de fait à résoudre suivant les circonstances. Notons que dans le système de la jurisprudence, qui admet la validité de la capitalisation des intérêts, cette question présente une grande importance.

Souvent un terme est convenu à l'avance entre les parties pour la clôture du compte, et il ne dépend plus de la volonté des parties d'arrêter le compte avant cette époque : à défaut de cette convention, on reconnaît à chacune des parties le droit de clore le compte quand il lui plaît, puisque ces relations supposent une confiance mutuelle et doivent cesser du jour où cette confiance n'existe plus; mais nous pensons que cette règle, admise également dans le contrat de société, peut comporter le tempérament que l'art. 1869 apporte à cette faculté en matière de société, et qu'il faudra que cette demande ne soit pas importune, ni de mauvaise foi; c'est là une règle d'équité que nous pouvons étendre à notre matière.

Observons que, si, au moment où l'une des parties a manifesté son intention de cesser les relations, l'autre partie, ignorant cette volonté, continue à faire des remises, ces remises n'entrent pas dans le compte courant, puisque le consentement des parties doit exister au moment de chaque remise, pour que cette remise entre dans le compte courant.

Clôture forcée. — La clôture forcée est celle qui résulte d'un événement qui rend incapable l'une ou l'autre des parties; il ne peut plus y avoir compte courant, puisque l'une des parties ne peut plus donner de consentement valable et que le consentement est nécessaire pour l'entrée en compte courant des remises, au moment même de ces remises. Ainsi la mort, l'interdiction, la faillite ou la déconfiture de l'une des parties amènent nécessairement la clôture du compte courant. Dans le cas de mort de l'un des correspondants, son héritier est tenu de ses obligations, et c'est contre lui que le compte sera liquidé; mais le compte ne continue pas avec lui, parce que, comme nous le disions tout à l'heure, les relations de compte courant supposent chez les parties une confiance réciproque et personnelle. Le compte s'arrête de plein droit au moment où la cause forcée de la clôture vient à se produire, au jour du décès en cas de mort, au jour du jugement d'interdiction en cas d'interdiction, au jour du jugement déclaratif en cas de faillite. Les remises postérieures faites par l'autre partie dans l'ignorance de cet événement sont nulles et non avenues; elles n'entrent pas dans le compte et doivent être restituées.

SECTION II. *Conséquences de la clôture du compte courant.*

Quand le compte courant est clos, il reste à régler la situation respective des parties et à réaliser définitivement les effets du compte courant. La clôture produit donc les deux résultats suivants : 1° le compte doit être dressé; 2° le solde qui en résulte devient exigible. Nous allons successivement examiner ces deux points.

§ 1. *Dressement du compte.* — Cette opération qui suit la clôture rentre dans la matière des comptes ordinaires ; nous n'en dirons que quelques mots; mais nous aurons à nous étendre sur les questions de compétence qui se produisent à ce moment.

Le dressement du compte est amiable ou judiciaire.

Le compte peut être dressé à l'amiable, lorsque les deux parties sont d'accord : dans la pratique, c'est la partie en faveur de laquelle le solde est établi qui envoie le compte à l'autre; l'autre partie approuve ou conteste les articles, vérifie l'exactitude des calculs et l'accepte, si elle en reconnaît la vérité; dès lors naît pour la partie débitrice l'obligation de payer le solde. Entre commerçants, on admet que l'approbation du compte résulte de la simple signature de la partie qui l'a reçu; mais lorsque celui à qui il a été envoyé est un non-commerçant, on s'est demandé si, outre la signature, il ne fallait pas exiger la formalité du *bon pour* ou *approuvé* exigée par l'art. 1326 du Code civil, avec la mention en toutes lettres de la somme dont le solde le constitue débiteur. La cour d'Orléans a décidé (22 août 1840, Sir. 1840, II, 433) qu'il y avait dans l'arrêté de compte une libération et que l'art. 1326 était dès lors inapplicable. Nous pensons au contraire que, du moment où l'approbation du compte fait naître l'obligation de payer le solde, il n'est pas possible d'écarter l'art. 1326, qui ne permet pas de distinction ; mais on pourra y voir, si la formalité n'est pas remplie, un commencement de preuve par écrit, autorisant l'admission de la preuve testimoniale et des présomptions. (Aubry et Rau, t. VI, § 756.)

Si les parties ne sont pas d'accord, ou si l'une d'elles se refuse par dol ou négligence à procéder au dressement amiable du compte, il y aura lieu à dressement du compte par le juge. Nous dirons peu de choses de la procédure qui s'engage en ce cas : L'action en dressement de compte pourra être écartée par des exceptions fondées sur la non-existence du compte courant, ou sur une convention antérieure, ou sur la prescription de trente ans à dater du jour de la dernière opération. — En cas de contestation des articles le tribunal renverra les parties devant un juge commissaire, ou en matière commerciale devant un expert arbitre ; chaque article fera l'objet d'un débat entre les parties ; le juge ou l'arbitre écartera les articles non justifiés, et le compte ainsi établi en justice sera définitif. — Mais la question importante pour nous est celle de savoir quel est le tribunal compétent pour connaître de cette action : cette question de la compétence en matière de compte courant se représente à propos de l'action en paiement du solde et de l'action en redressement de compte; nous allons l'examiner ici en général.

De la compétence en matière de comptes courants.—Nous examinerons successivement la compétence *ratione materiæ* et la compétence *ratione personæ :* — 1° Le tribunal compétent pour connaître d'une action relative au compte courant est-il le tribunal civil, ou le tribunal de commerce? C'est ici que se présente l'intérêt qu'il y a à savoir quand le compte courant constitue un acte de commerce, question que nous avons examinée au début de notre étude. Nous écarterons d'abord deux hypothèses qui ne sont pas discutables. Si le compte courant existe entre deux commerçants, il y a matière commerciale et le tribunal compétent sera le tribunal de commerce, quand même certains articles n'auraient aucun caractère commercial, parce que les opérations entre commerçants sont réputées faites pour leur commerce. Si au contraire il y a compte courant entre non-commerçants et que la majeure partie des opérations dont il se compose ne soient pas commerciales, les tribunaux civils seront évidemment seuls compétents, alors même qu'il y aurait dans le compte quelques opérations commerciales, parce que l'ensemble du compte est néanmoins une affaire civile et que le compte courant ne constitue pas nécessairement et en lui-même un acte de de commerce. C'est là l'application des principes généraux en matière de compétence.

Lorsque le compte courant existe entre un commerçant et un non-commerçant qui ne poursuit aucun but commercial et que le compte courant se trouve commercial à l'égard du commerçant, et civil à l'égard du non-commerçant, la compétence est réglée d'après la qualité du défendeur. Mais ce principe ne subit-il pas d'exception et le non-commerçant n'a-t-il pas le droit de traduire son adversaire devant la juridiction consulaire ou devant les tribunaux civils à son choix ? Cette question se pose d'une manière générale à propos de tous les actes qui sont commerciaux d'un côté et civils de l'autre; c'est la question de la plénitude de la juridiction civile. Dans la pratique, la question est tranchée et c'est un axiome de jurisprudence que les tribunaux civils ont une compétence générale. Nous ne voulons pas discuter ici cette grande question et nous nous contenterons de dire que ce système nous semble devoir être rejeté : il s'agit ici d'une incompétence *ratione materiæ*, qui est d'ordre public, et les tribunaux civils ne peuvent, sans usurpation, connaître de questions, qui ont été soustraites à leur compétence; depuis la loi du 24 août 1790, la plénitude de juridiction n'appartient plus aux tribunaux civils, et si les tribunaux de commerce sont des tribunaux d'exception, auxquels *par exception* on a attribué la connaissance de certaines affaires, des affaires commerciales, cette attribution leur a été faite d'une manière absolue. La majorité des auteurs a consacré cette opinion (1).

2° Compétence *ratione personæ.* — L'action personnelle doit être portée devant le tribunal du domicile du défendeur, en vertu de la règle : *Actor sequitur forum rei.* Mais on s'est demandé si, en cas de faillite, cette règle n'a pas à subir une exception : si l'action en règlement de compte ou en paiement du solde est formée par le syndic de la faillite d'un des correspondants en compte courant, y a-t-il lieu d'appliquer l'art. 59, § 7 du Code de procédure, qui dit qu'en matière de faillite le défendeur sera assigné devant le juge du domicile du failli? Cette question, comme la précédente, se rattache à une question plus générale et très-controversée, celle de savoir quelle est la portée qu'il faut donner à l'expression : *en matière de faillite.* — On a soutenu dans un premier système, que cela voulait dire que toutes les actions intéressant la faillite, doivent par cela seul être soumises au tribunal du domicile du failli, à cause de la nécessité de centraliser toutes les opérations de la liquidation et de soumettre toutes les contestations qui l'intéressent à un juge unique. — Dans une deuxième opinion, on prétend que l'art. 59, § 7, n'a pas eu pour but de modifier la règle générale : *Actor sequitur forum rei*, mais seulement de constituer à l'être moral faillite le domicile auquel il peut être assigné. — Enfin, dans un

(1) Henrion de Pansey. *Compétence des juges de paix* T. I, p. 350. — Boncenne, t. I. p. 330. Carré et Chauveau. Question 721, note 1. — Demangeat. *Faillites*, p. 41 à la note. — M. Rataud, à son cours.

troisième système que nous adoptons on interprète notre article en disant que toutes les actions nées du fait de la faillite, qui n'auraient pu se soulever s'il n'y avait pas eu faillite, qui ne se conçoivent que parce qu'il y a faillite, sont de la compétence du tribunal du domicile du failli, que la faillite soit demanderesse ou défenderesse ; par exemple, l'attaque d'un acte consenti par le failli dans les conditions prévues par les art. 446, 447, 448 du Code de commerce. Ce système consacré par la cour de cassation nous permet de donner notre solution dans l'hypothèse particulière que nous examinons, celle où l'action est née du compte courant : l'action en règlement de compte ou en paiement du solde, etc., est de la compétence du tribunal du défendeur, sans qu'il y ait à distinguer s'il y a ou non faillite, parce que cette action n'est pas une conséquence de la faillite. Dans le premier système, le tribunal du domicile du failli serait toujours compétent, dans le second, on arrive pour notre cas au même résultat que celui que nous avons trouvé en adoptant le troisième système, mais par des motifs différents.

Si la contestation porte sur le rejet ou l'admission d'un article du compte, on s'est demandé si le tribunal compétent serait celui qui doit connaître de tout le compte, ou celui qui peut connaître de l'opération isolée qui fait l'objet du débat.

Si par exemple une vente est passée en compte courant et que des difficultés naissent à propos de cet article, l'action pourrait-elle être portée devant l'un des tribunaux exceptionnels indiqués par l'art. 420 du

Code de procédure, ou devant le tribunal compétent pour régler le compte en entier? Nous pensons que le tribunal compétent est celui qui doit dresser le compte, parce que l'opération isolée est absorbée dans le compte courant qui l'a novée; l'indivisibilité du compte courant nous dicte la réponse que nous devons donner à la question. Aussi l'opinion contraire, qui réduit le compte courant à un simple cadre de comptabilité, dans lequel les opérations conservent leur nature propre, n'a-t-elle pas prévalu parmi les auteurs (1). Seulement il importe d'observer que, si la contestation portait sur l'entrée en compte courant de l'article objet du débat, le fait de la novation n'étant pas établi, il faut revenir aux règles ordinaires et le demandeur peut se prévaloir de l'art. 420.

Cette question se présente également pour l'action en paiement du solde; et nous allons en donner ici la solution pour n'avoir plus à revenir sur les questions de compétence. On a soutenu qu'il fallait faire une distinction suivant que le compte a été ou non accepté. Au premier cas, l'action en paiement doit être portée devant le tribunal du domicile du défendeur, parce que le solde constitue une créance nouvelle. Dans le second cas, l'action appelant le débat sur l'opération dont le solde est le résultat, il faudra, si le solde est le résultat d'opérations dont peut connaître un seul et même tribunal exceptionnel, que l'action soit portée devant ce tribunal; si le solde est le produit d'opérations qui, a

(1) Pardessus, t. IV, p. 33. — Orillard, *Compétence*, n° 613. — *Contrà*, Noblet, n° 226.

raison de leur nature, ne peuvent être portées devant un tribunal exceptionnel, il faudra revenir au droit commun. — Pour la même raison que tout à l'heure, nous repousserons ce système, le seul tribunal toujours compétent sera celui du domicile du défendeur; le créancier du solde qui agit en paiement, n'invoque pas telle ou telle opération du compte, mais le compte lui-même; il n'exerce pas telle ou telle action née d'un article ou de plusieurs articles isolés, mais une seule action. Il y a titre unique, action unique, compétence unique et l'art. 420 n'est pas applicable; il ne le serait qu'au cas où l'existence même du compte courant serait niée (1).

Rectification du compte. — Le compte une fois dressé soit à l'amiable, soit en justice est définitif; il y a en effet contrat dans le premier cas, chose jugée dans le second; il y a un contrat volontaire ou judiciaire qui fait la loi des parties, et la révision du compte ne peut plus être demandée par elles. Mais on peut demander la rectification de quelques-uns des articles, dans les cas prévus par l'art. 541 du Code de procédure, c'est-à-dire lorsqu'il y a erreurs, omissions, faux et doubles emplois. L'art. 541 ne vise que les comptes dressés en justice, mais il est bien certain qu'il faut étendre cette disposition au règlement de compte amiable. L'art. 541, en effet, n'est qu'une application des principes de la chose jugée et les règles ordinaires des conventions (art. 1134) mènent au même résultat; on ne peut réviser le compte

(1) Feitu, n° 344. — Dietz, p. 254. — *Contrà*, Noblet, n° 227.

dressé en justice parce que la force de chose jugée repose sur l'idée d'une convention entre les parties, qui ne peut plus être révoquée que de leur commun accord. Les exceptions qu'on admet à ce principe quand il y a eu dressement en justice, doivent être également admises quand il y a eu dressement amiable du compte.

Les quatre cas où l'art. 541 soumet une rectification du compte sont les suivants : Erreur, omission, faux ou double emploi. Il y a omission, quand les parties ont négligé de faire entrer dans le compte une opération entrée dans le compte courant; faux emploi, quand à l'inverse on y a porté un article qui ne devait pas en faire partie, et double emploi, quand un même article s'est trouvé porté deux fois au compte. En somme, tous ces cas, comme on l'a fait remarquer, sont les cas où une erreur a été commise, et l'article aurait pu dire simplement que le compte pouvait être révisé seulement en cas d'erreur. La rédaction de l'article a du moins l'avantage en ajoutant à l'erreur trois cas particuliers d'erreurs, de spécifier le sens qu'il faut donner à ce mot. Le législateur l'emploie dans un sens restreint, dans le sens d'erreur de fait, d'erreur de calcul. En cas d'erreur de droit, il faudra appliquer par analogie l'art. 2052 qui décide que l'erreur de droit ne permet pas d'attaquer une transaction.

Les fins de non-recevoir opposables à l'action en redressement sont la prescription, l'existence d'une transaction intervenue sur les points qui forment l'objet actuel du débat, la chose jugée, si l'objet de la demande a déjà donné lieu à un jugement.

Les cas exceptionnels de l'art. 541 ne sont pas les seuls où il y ait lieu à rectification du compte. Lorsque le compte comprendra des perceptions usuraires, il pourra y avoir lieu à révision ou à rectification fondée sur la violation d'une loi prohibitive et d'ordre public. Nous avons vu dans quels cas il y avait usure : lorsque l'usure se sera produite à propos de quelques-uns des articles, on rectifiera ces articles ; lorsque l'usure entachera le compte en entier, il y aura lieu à une révision totale. L'exécution du compte, l'approbation donnée aux articles, le paiement du solde, n'empêcheront pas cette action en redressement, parce qu'un contrat usuraire n'est pas susceptible de ratification, la ratification portant elle-même l'empreinte du vice originaire du contrat. (Cass. 21 juillet 1847. — *J. du P.* 1847, t. II, p. 608. —Caen, 5 juill. 1872. *D. P.* 74, 2, 140). Les juges ordonneront donc, si l'usure est constatée, la restitution ou l'imputation des intérêts usuraires, conformément aux dispositions cumulatives de la loi de 1807 (art. 3), et de la loi des 19-27 décembre 1850 (art. 1).

Il est évident que le compte, quoique clos et approuvé, peut encore être l'objet d'une rectification dans le cas où des effets auraient été remis sans que la clause sauf encaissement, ait été exclue. L'effet, s'il revient impayé, donnera lieu à une rectification ; on peut dire, en effet, ou qu'il y a faux emploi ou que le compte n'avait été arrêté et approuvé que sous la condition résolutoire de l'encaissement.

§ 2. *Exigibilité du solde.*—La clôture du compte produit ce résultat important que le solde de la balance du compte courant dûment arrêté et approuvé devient exigible.

Le paiement, à moins d'une convention antérieure, pourra être exigé de suite ; il s'opère en espèces ayant cours ; si la monnaie consistait alors en un papier ayant cours forcé, le créancier devrait l'accepter et il subirait même les conséquences de la dépréciation du papier depuis le jour de l'exigibilité, si le débiteur avait mis à cette époque les fonds à sa disposition. Souvent les parties conviennent de le régler en papiers de commerce, et le recouvrement pourra alors donner lieu à des droits de commission. Souvent aussi le créancier du solde tire une traite sur son correspondant. Peut-il le faire sans l'assentiment de celui-ci ? En principe non, parce que c'est aggraver la position du débiteur ; mais en pratique on l'admet entre commerçants, parce que l'on présume qu'il y a entre les parties une convention tacite de se soumettre aux usages du commerce.

Le solde porte intérêt de plein droit. Cette règle, qu'admet la jurisprudence, ne peut plus, comme on avait essayé de le faire à propos des intérêts produits de plein droit par les remises, s'expliquer par l'art. 2001 ; mais la raison que nous en avons donnée subsiste, c'est que tel est l'usage du commerce fondé sur ce principe que l'argent ne doit pas être laissé improductif dans le commerce. Ils courront ainsi jusqu'au moment où le débiteur aura tenu le solde à la disposition du créancier, et on admet généralement que cette mise du solde à la disposition du créancier, résulte du simple avis que lu en donnera le débiteur.

Nous n'avons pas à revenir sur les questions de compétence que soulève l'action en paiement, mais nous rencontrons ici une autre question controversée : Les juges, devant qui est portée l'action en paiement, peuvent-ils accorder des délais de grâce ? Un premier système leur refuse cette faculté, parce que les articles 157 et 187 du Code de commerce disposent qu'aucun délai ne peut être accordé pour le paiement d'une lettre de change et d'un billet à ordre, et que ces articles ne sont, dit-on, que l'application isolée d'une règle générale du droit commercial (Dietz, p. 265). Ceci est du moins certain lorsque le débiteur, pour le paiement du solde, souscrit une lettre de change ou un billet à ordre.

M. Noblet résout la question par une distinction : si le solde a été accepté en suite d'un règlement de compte amiable, le solde devenant une dette nouvelle, une et indivisible, rien ne s'oppose à l'application de l'art. 1244 du Code civil ; si au contraire le solde est le résultat d'un dressement de compte judiciaire, chaque opération conserve sa nature propre et alors il ne peut être accordé de délais pour les dettes d'opérations de change comprises dans le compte courant. — On comprend de suite ce que cette distinction a d'arbitraire : pourquoi distinguer le compte dressé à l'amiable, du compte dressé en justice ? Pourquoi les opérations, qui perdent leur nature primitive lorsque le compte est réglé à l'amiable, la conservent-elles quand le compte est dressé en justice ? Rien ne peut l'expliquer. Du reste ce système ne tient aucun compte de l'effet novatoire du compte courant, et, comme le fait observer M. Dietz, cette théorie mène à ce résultat singulier qu'il faut opérer une sorte de triage dans le reliquat, distinguer ce qui provient de traites, de ce qui provient d'autres causes et défendre au juge d'accorder des délais pour une partie du solde en lui permettant d'en accorder pour l'autre. — Nous pensons, au contraire, que le juge pourra toujours accorder des délais de grâce et que les articles 157 et 187 sont spéciaux et ne doivent pas être étendus. Dans les hypothèses prévues par ces articles, on comprend fort bien la rigueur de la loi et le refus de délai ; c'est qu'à raison de la circulation rapide à laquelle sont destinés la lettre de change et le billet à ordre, ils doivent être payés intégralement à échéance fixe, parce que le porteur peut et doit compter sur le paiement de ces effets pour payer lui-même d'autres effets ; si on accordait en cette matière des délais, on causerait des préjudices à des tiers et il pourrait en résulter de grandes perturbations dans les transactions commerciales. Or il n'en est pas de même dans notre cas, parce que l'effet de l'obligation et de l'engagement se concentre uniquement entre le créancier et le débiteur sans rejaillir sur les tiers. En dehors du cas où le solde a été réglé par un effet de commerce souscrit par le débiteur, il faut décider que les art. 157 et 187 ne s'appliquant pas, la règle d'équité doit prévaloir. Nous observerons d'ailleurs que dans la pratique les art. 157 et 187 ne s'appliquent pas rigoureusement et que pour le paiement des lettres de change et des billets à ordre, les tribunaux de commerce accordent un délai, qui est ordinairement de 25 jours, parce que le tiré ou le souscripteur du billet pourrait, si on le lui refusait, se faire condamner par défaut, puis faire opposition, ce qui entraînerait un bien plus long délai; si dans les cas où la loi est formelle et où sa rigueur se comprend, on est obligé d'atténuer sa sévérité, à plus forte raison ne doit-on pas généraliser cette disposition, et les art. 157 et 187, loin de pouvoir être invoqués par analogie, fournissent un puissant argument *à contrario*. Il faudra donc accorder sur ce point un pouvoir discrétionnaire aux tribunaux, qui sauront concilier l'équité avec les nécessités du commerce; c'est ce qu'admet la Cour de cassation. (Sic. Feitu, n° 348. — Massé, t. IV, n° 2144. — Alauzet, t. II, n° 929.)

Ce droit d'ailleurs d'accorder des délais de grâce n'est que l'application de l'art. 1244 du Code civil, qui s'appliquera certainement entre non-commerçants, et notre solution, que nous étendons aux comptes courants entre commerçants, est un retour au droit commun; cependant nous ne voulons pas trancher ici la question de l'application des lois civiles aux matières commerciales et nous croyons que l'argument *à contrario*, tiré des art. 157 et 187, suffit à légitimer notre système.

CHAPITRE VIII.

GARANTIES DU COMPTE COURANT.

Les parties qui entrent en relations de compte courant doivent chercher à s'assurer contre les risques d'insolvabilité qu'elles peuvent avoir réciproquement à courir ; elles en trouveront le moyen en entourant la créance éventuelle du solde des divers modes de garanties que la loi met à la disposition de tout créancier.

Ainsi, on pourra garantir le solde par un cautionnement. L'obligation de la caution est alors conditionnelle, parce que la dette qu'elle garantit n'a pas dès le principe une existence certaine ; c'est seulement à la clôture du compte que l'étendue de cette obligation et son existence seront fixées définitivement. Souvent on convient que le compte sera arrêté à une époque fixe, et alors, c'est la balance du compte à ce jour qui est garantie par la caution, à moins qu'il ne résulte des circonstances, qu'elle se soit soumise aux conséquences d'une prorogation du compte. Souvent aussi, on convient que le cautionnement sera limité à une certaine somme et sa quotité *maxima* est dès lors fixée ; mais son existence reste toujours incertaine, puisqu'elle dépend des fluctuations du compte. Observons enfin que le cautionnement peut intervenir soit au début, soit pendant le cours des relations de compte courant.

Une deuxième garantie consiste dans le nantissement ou le gage : l'une des parties ou toutes les deux donneront un gage, qui consiste ordinairement en titres au porteur ; c'est ce qu'on appelle dans la pratique donner une *couverture*. Seulement il pourra arriver qu'il y ait doute sur l'intention des parties qui font cette remise, on pourra y voir soit un dépôt ordinaire, soit un dépôt irrégulier, soit une remise en compte courant, soit enfin un nantissement, et il est de la plus grande importance de distinguer ces diverses situations. Les parties feront bien de préciser le caractère de cette remise.

Enfin le solde peut encore être garanti par une hypothèque, consentie par les deux parties sur leurs immeubles respectifs, ou par l'une d'elles seulement. L'adjonction de cette dernière sûreté a donné lieu à des difficultés que nous allons examiner; comme elles se sont presque toujours présentées à propos de comptes courants ouverts à la suite d'une ouverture de crédit, nous supposerons toujours qu'il s'agit d'un compte courant intervenu dans ces circonstances; mais toutes les solutions que nous rencontrerons peuvent s'appliquer à tous les comptes courants qui ont donné lieu à une constitution hypothécaire.

§ 1. *Validité de l'hypothèque garantissant un compte courant.* — L'hypothèque pouvant être établie pour sûreté de toute espèce d'obligations, il en résulte que l'hypothèque attachée à une obligation conditionnelle ou même simplement éventuelle, comme celle résultant du solde d'un compte courant, est valable. Cette solution incontestable est admise par la doctrine et la jurisprudence. On a pourtant autrefois émis des doutes au sujet de la validité de l'hypothèque constituée pour la garantie du solde résultant d'une ouverture de crédit, parce qu'on contestait la validité de l'ouverture de crédit elle-même. Celui à qui le crédit a été ouvert est, disait-on, libre de prendre ou de ne pas prendre les fonds mis à sa disposition; son obligation est donc contractée sous une condition purement potestative, et elle est nulle en vertu de l'art. 1174 du C. civ. : l'hypothèque qui y est attachée est donc également nulle (Delvincourt, III, p. 298;—Battur, II, 263).—Cette interprétation de l'art. 1174 est inexacte; ce que prohibe cet article, c'est la condition potestative apposée à une obligation dont la cause existe déjà; mais cette disposition n'a pas pour but d'empêcher l'une des parties de faire naître à son gré la cause même de l'obligation. Ayant reçu un prêt, je ne puis pas stipuler que je restituerai la somme prêtée *si je veux;* mais je puis convenir que j'emprunterai, si je veux, sauf à devenir forcément votre débiteur, si j'emprunte. — M. Paul Pont, qui admet la validité de l'hypothèque, s'applique à démontrer, pour écarter l'art. 1174, que le donneur de crédit est dès le principe valablement obligé; cela est vrai; mais ne résout pas la question, car c'est le crédité qui constitue l'hypothèque, et c'est la validité de son obligation conditionnelle qu'il faut prouver. Du reste, comme nous le disions, la question n'est plus discutée : l'on a reconnu la validité de l'obligation du crédité et, par suite, la validité de l'hypothèque qui la garantit, dans tous les cas, qu'il y ait simple ouverture de crédit, ou ouverture de crédit en compte courant. (Aubry et Rau, § 266, texte et note, 66. — Duranton, XIX, nº 244.—Troplong, *Hypothèques*, S. art. 2125.)

§ 2. *Comment doit être constituée l'hypothèque ?* L'hypothèque doit être constituée par un acte authentique; mais ne faut-il pas que les remises, qui réalisent la créance jusqu'alors éventuelle, soient également constatées devant notaire, pour que l'hypothèque puisse garantir la créance du solde ? On l'a prétendu : tant que la créance n'existe pas, l'hypothèque qui en est l'accessoire, ne peut, dit-on, exister ; ce sont donc les remises qui, en faisant apparaître la créance, constituent l'hypothèque au regard des tiers, et, pour qu'elle leur soit opposable, il faut que les actes qui lui donnent cette existence, soient également entourés de la garantie de l'authenticité.—Cette opinion, aujourd'hui abandonnée par la jurisprudence et la doctrine, ne s'appuie sur aucun texte. La loi n'exige d'acte authentique que pour la constitution de l'hypothèque ; dans le cas où la créance est éventuelle, la loi demande au créancier une évaluation approximative (art. 2127, art. 2132) ; mais elle n'exige rien de plus. — L'intérêt des tiers est suffisamment garanti par l'acte constitutif d'hypothèque, porté à leur connaissance par l'inscription, qui indique le chiffre maximum éventuel que garantit cette hypothèque ; ils ne sont donc exposés à aucune surprise, et peu leur importe la manière dont les remises de fonds seront constatées. Enfin, au point de vue pratique, la doctrine que nous combattons aboutit à des impossibilités de fait : les remises de valeurs auront lieu suivant les usages du commerce par voie d'endossement, et l'on ne peut exiger l'intervention du notaire dans ces opérations qui se succèdent incessamment ; elle entraînerait des frais et des lenteurs incompatibles avec le but même que se proposent les parties qui ouvrent un compte courant pour éviter précisément les frais et les lenteurs d'autres modes de règlement ; enfin on compromettrait le secret nécessaire aux transactions commerciales. Cette doctrine est donc à bon droit repoussée. — La solution que nous adoptons a été législativement consacrée en Belgique par la loi du 16 décembre 1851, dont l'art. 80 dit expressément que la délivrance des fonds pourra être établie par tous les moyens légaux.

§ 3. *Etendue de l'hypothèque quant aux sommes qu'elle garantit et quant à sa durée.* — Lorsque le compte courant n'a pas été limité dans sa durée, et, ce qui sera rare au cas d'ouverture de crédit, lorsqu'on n'a pas fixé un chiffre maximum, que le solde ne doit pas dépasser, l'hypothèque garantit la créance du solde au jour de la clôture. Seulement le créancier, aux termes de l'art. 2132, doit faire dans l'acte constitutif d'hypothèque une déclaration estimative du montant éventuel de sa créance, et le débiteur, aux termes de l'art. 2163, pourra dans les conditions prévues par cet article demander la réduction de l'hypothèque.

Dans les comptes courants qui suivent une ouverture de crédit et dans lesquels se présentent plus fréquemment ces constitutions d'hypothèque, il arrivera presque toujours que le crédit aura été limité quant aux sommes et quant à sa durée.

Si le crédit a été limité quant aux sommes mises à la disposition du crédité, la garantie hypothécaire ne pourra jamais dépasser la somme convenue, qui sera mentionnée dans l'inscription ; c'est donc une pure application de l'art. 2132. Quel que soit le solde résultant du compte, l'hypothèque ne le garantira que jusqu'à concurrence de cette somme déterminée. — Si l'hypothèque a été constituée non au début, mais au cours des opérations, il y aura à rechercher si l'intention des parties a été de garantir seulement ce qui était déjà dû, ou seulement ce qui sera dû par la suite, ou encore le montant intégral du solde ; mais dans tous les cas, à moins d'une violation de l'art. 446 du Code de commerce, cette constitution sera valable dans les limites primitivement convenues du crédit.

Lorsque le crédit est limité quant à sa durée, une grande difficulté se présente, quand les parties, contrairement à cette convention, prorogent le crédit au-delà du terme fixé. Dans ce cas quelle sera l'étendue de l'hypothèque?

Nous serons bref sur cette importante question, que nous avons déjà examinée à propos de l'indivisibilité du compte courant. Il est d'abord certain que les parties, en limitant la durée du crédit, n'ont pas entendu subordonner l'existence de l'hypothèque à un terme extinctif, mais bien fixer définitivement à cette date la somme que garantirait l'hypothèque ; si leur intention était différente et que l'hypothèque dût s'éteindre au jour fixé, il en résulterait que le créancier devrait pour user de sa garantie poursuivre avant l'expiration du terme fixé. La limitation de la durée du crédit a donc pour effet de fixer la somme garantie par l'hypothèque. Si les parties au lieu de clore le compte à cette date, continuent à se faire des remises, l'on peut se demander si le solde définitif tout entier est garanti, ou s'il ne l'est que jusqu'à concurrence de la somme dont le créditeur est créancier, à l'expiration du terme convenu, ou enfin, s'il ne l'est que jusqu'à concurrence de cette somme, diminuée des remises postérieurement faites par le crédité, qui, à l'égard des tiers, constitueraient dès lors de véritables paiements diminuant la dette. Telles sont les trois solutions à notre question, entre lesquelles il faut choisir.

D'abord l'hypothèque garantit-elle le solde définitif établi à la clôture du compte? La cour de Rouen dans un arrêt du 19 janvier 1849, Sir. 1850, II, 138, l'admettait, en invoquant l'indivisibilité du compte et en décidant que la limitation de sa durée n'avait d'autre effet que d'indiquer le moment où chacune des parties aurait le droit de cesser les opérations. Ceci était parfaitement exact au point de vue des parties; mais cette prorogation valable à leur égard ne devait pas avoir pour effet d'aggraver, au regard des tiers, la situation hypothécaire au-delà de ce qu'elle eût été, si le compte eût été arrêté et soldé à l'époque convenue.

L'hypothèque ne garantit donc pas le solde définitif; mais bien le solde existant à l'expiration du temps convenu; par conséquent, si le solde définitif est supérieur, elle le garantit jusqu'à concurrence de la somme dont le crédité était débiteur au jour où le compte devait être arrêté.

Mais on a prétendu que, l'indivisibilité du compte n'existant plus au bout du temps fixé, à l'égard des tiers, ceux-ci devaient considérer les remises postérieures du crédité, comme diminuant sa dette et par suite l'étendue de l'hypothèque qui garantit cette dette. Ceci a une grande importance quand le solde définitif est inférieur au solde qui est constaté au terme convenu, et qu'il y a eu d'importantes remises faites depuis par le crédité. Dans l'espèce qui s'est présentée devant les tribunaux, un crédit de 100,000 fr. avait été ouvert pour six ans : au bout de six ans le compte, qui constituait le crédité débiteur de 150,000 fr., est prorogé et n'est clos qu'au bout de deux ans : le solde définitif dû par le crédité était de 50,000 fr. Le créancier hypothécaire prétendait que ce solde était garanti, non comme solde définitif, mais comme reste du solde qui existait au bout des six ans convenus ; les tiers intéressés soutenaient au contraire que les remises postérieures avaient éteint la dette existant à cette époque et que l'hypothèque, qui en était l'accessoire, avait disparu avec elle : la dette définitive était une dette nouvelle non garantie.

Cette prétention des tiers, soutenue avec force dans une consultation de M. Sénard (*Journal du Palais*, 1851, I, 67), s'appuie sur cette considération : le solde définitif n'est pas garanti par l'hypothèque parce qu'au regard des tiers, le compte n'est plus indivisible ; si le compte n'est plus indivisible, les remises sont donc à leur égard des paiements qui éteignent la dette. Nous ne pouvons cependant nous décider à adopter ce système et nous répondrons que si l'indivisibilité ne leur est pas opposable, en tant qu'elle porte atteinte à leurs droits, du moins elle produit tout son effet dans le cas contraire. Or y a-t-il dans la prétention du créancier une atteinte à leurs droits ? Evidemment non, car la prorogation du compte, loin de leur nuire, leur a profité : la limitation du crédit dans sa durée a eu pour effet de fixer la créance due, et par suite l'étendue de l'hypothèque.

Les tiers devaient donc s'attendre à se voir opposer une créance hypothécaire, non de 150,000 fr., parce que dans l'espèce il y avait en outre limitation quant aux sommes, mais de 100,000 fr.; l'étendue du droit hypothécaire du créancier était dès lors fixée; il n'applique plus son hypothèque à une créance de 100,000 fr., mais à une créance de 50,000 fr.; les créanciers n'ont donc pas été lésés dans leurs droits.

Si on admettait leur prétention, c'est le droit du créancier auquel on porterait atteinte : son hypothèque garantissait 100.000 fr; elle doit valoir au moins pour 50.000 fr. Cette solution conforme à l'équité est également conforme aux principes de l'indivisibilité dans ses effets avec les tiers, et nous croyons qu'elle doit être incontestablement admise. (*Sic.* P. Pont. *Priv. et hyp.* II, nos 716. Aubry et Rau, § 266, texte et note 67. — Feitu. nos 248 et suiv., n° 352. — Contrà. *Consultation de M. Sénard* (*loc. cit.*). — Dietz, p. 81 et suiv., p. 271 et suiv.)

Dans quelles limites les intérêts sont-ils garantis par l'hypothèque? L'art. 2151 décide que l'inscription de l'hypothèque ne garantit au même rang que le capital que les intérêts de l'année courante et deux années d'intérêts à échoir, et que pour ceux des autres années il faut des inscriptions particulières prenant rang à leur date. Cette règle ne peut s'appliquer au compte courant; les intérêts dans ce cas non exigibles entrent alors comme éléments dans la détermination du chiffre garanti; à la clôture du compte il n'est pas dû un solde d'intérêts et un solde de capitaux; mais bien un solde unique qui comprend sans doute des intérêts; mais ces intérêts en entrant en compte ont perdu leur nature propre. L'hypothèque garantira donc également les intérêts compris dans le solde, non comme intérêts, mais comme éléments de la créance définitive. Cette solution est admise à plus forte raison dans le système de la jurisprudence qui admet la capitalisation des intérêts (En ce sens : Aubry et Rau, § 285, note 17. — Pont. *Priv. et hyp.*, n° 1028). — Ceci ne s'appliquera pas aux intérêts produits par le solde lui-même; car dans ce cas, l'art. 2151 est évidemment applicable.

§ 4. *Du rang de l'hypothèque.* — L'hypothèque inscrite au moment d'une ouverture de crédit prend-elle rang au jour de l'inscription prise par le créditeur, ou ne prend-elle seulement rang qu'à la date de chacune des avances faites en exécution du crédit? Il est facile de comprendre quel est l'intérêt de la question : si entre l'inscription de l'hypothèque et la réalisation des avances une autre hypothèque vient à être inscrite par un tiers, cette nouvelle hypothèque primera ou ne primera pas la première suivant la solution qu'on adoptera.

La question est aujourd'hui résolue d'une manière unanime par la jurisprudence : l'hypothèque prend rang au jour de l'inscription et dans ce rang elle garantit l'exécution de tous les engagements futurs du crédité. En effet, l'ouverture de crédit est un contrat qui participe de la nature des contrats synallagmatiques : le créditeur s'engage à tenir les fonds à la disposition du crédité et cette obligation est actuelle; le crédité s'engage de son côté à rembourser les sommes qui lui seront délivrées, et ces deux obligations sont corrélatives; l'une est la cause de l'autre. Sans doute l'obligation du crédité n'existe qu'au jour de la réalisation des fonds promis et jusque-là elle n'a pas même une existence conditionnelle; mais la créance du créditeur est éventuelle, pourquoi ne pourrait-elle pas dès lors être garantie par une hypothèque, comme elle pourrait certainement l'être par un cautionnement ou un gage? L'on dit que l'on ne peut concevoir une hypothèque, là où il n'y a pas dette, là où il y a simplement éventualité de dette; mais la loi, dans des cas spéciaux il est vrai, n'a-t-elle pas admis cette situation? L'art. 2135, l'art. 4 de la loi du 10 juin 1853 relative aux prêts consentis par les sociétés de crédit foncier disposent expressément qu'une hypothèque peut garantir des créances éventuelles. Bien plus, l'art. 5 de la loi de finances des 23-25 août 1871 ne peut s'expliquer, qu'en admettant que l'hypothèque garantissant une ouverture de crédit produit son effet utile et immédiat à dater de l'inscription de l'hypothèque faite au moment de l'ouverture de crédit, puisque cet article dispose que le droit d'hypothèque sera dès lors exigible, et les termes du rapport de cette loi ne laissent aucun doute sur les motifs de cette disposition.

D'ailleurs le système contraire donnerait lieu en pratique à des difficultés inextricables, qui ont été mises en lumière par faculté de Strasbourg dans l'enquête de 1841 sur le régime hypothécaire. Le créditeur sous peine de n'avoir qu'une garantie illusoire serait obligé de vérifier à chaque versement la position de son correspondant, et à quoi cela lui servirait-il même, puisque en vertu de la convention il est obligé? Il devrait donc stipuler qu'à chaque versement demandé, il aurait le droit d'exiger du crédité la preuve que sa situation hypothécaire ne s'est pas aggravée, ce qui serait contraire au but poursuivi par le crédité, qui a voulu avoir la faculté de puiser à tout instant et sans entraves dans la caisse du créditeur. Enfin si au lieu de supposer un compte courant, où les remises n'interviennent que d'un seul côté, nous supposons que le crédité exerce son droit de faire des remises, il faudra donc à chaque avance arrêter le compte, ce qui serait incompatible avec la nature du compte courant. Il est donc impossible d'admettre que l'hypothèque ne prenne rang qu'au jour des avances : car la volonté des parties est certaine; c'est en considération de la situation hypothécaire du crédité au jour du contrat, que le créditeur a ouvert le crédit. Quant à l'intérêt des tiers, il est complétement sauvegardé puisqu'ils sont avertis par l'inscription de l'étendue de la garantie hypothécaire; le système de la jurisprudence est donc à la fois conforme au droit et à l'équité, et doit être admis par la doctrine (1).

La loi belge du 16 décembre 1851 a consacré expressément cette solution dans son art. 80.

(1) En ce sens, Grenier *Hyp.* I, n° 26. — Persil, *Rég. hyp.*, 2114, n° 3. — Favard, *Rép.* v° *Hyp.*, 731. — Pardessus, IV, n° 1137. — Pont, *Priv. et Hyp.*, II, 719. — Demolombe, XXV, 392, 394. — Aubry et Rau, § 266, note 71, dern. édit. — Feitu, n° 350. — *Contrà*, Merlin, quest. v° *Hyp*, § 3, n° 2. Toullier, VI, n° 546. — Troplong,

§ 5. *Cession de l'hypothèque.* — Il nous reste enfin à examiner une dernière question : celle de la cession de l'hypothèque. Cette hypothèque ne peut faire l'objet d'une cession sans la créance qu'elle garantit et cette cession est soumise, pour produire son effet à l'égard des tiers, aux formalités des art. 1690 et suiv. du Code civil. Mais il peut se faire qu'en retour des avances qu'il recevait le crédité ait souscrit au bénéfice du créditeur des effets de commerce pour une valeur égale au montant du crédit ; si le créditeur cède ses effets par la voie de l'endossement, le droit d'hypothèque est-il en même temps transporté ? On a soutenu qu'il ne l'était pas, parce que l'endossement commercial n'est pas une cession ordinaire et n'est pas soumise à la formalité de signification exigée par l'art. 1690, et, qu'en conséquence, la règle de l'art. 1692, qui dispose que la cession de la créance, entraîne la cession de l'hypothèque qui la garantit, n'est pas applicable dans un cas où l'art. 1690 ne l'est pas (Massé, *Droit commercial*, IV, n° 2096). — Cette solution est repoussée par la jurisprudence et la majorité des auteurs. Si la nature particulière du titre dispense le cessionnaire des formalités de l'art. 1690, les règles ordinaires de la cession doivent être néanmoins applicables et la maxime : *Accessorium sequitur principale*, dont l'art. 1692 est une application spéciale, a une portée plus générale et trouve ici son application, bien que l'art. 1690 doive être écarté. Quant au rang des tiers porteurs des effets, il sera déterminé

II, n° 479, Champ. et Rigaud, II, n° 934. Aubry et Rau, premières éditions, 266. — Dietz, p. 273.

non par la date de l'endossement, mais par la date de l'inscription de l'hypothèque (Troplong, II, 906. — Marcadé sur 1692. — Aubry et Rau, § 266, note 72).

§ 1. *Prescription des actions.* — Nous avons vu que la clôture donnait naissance à diverses actions : l'action en règlement de compte, l'action en paiement du solde, l'action en rectification. Toutes ces actions se prescrivent par 30 ans. La prescription de l'action en règlement ou dressement du compte a pour point de départ la date de la dernière opération du compte courant, lorsque, à dater de cette époque, les parties ont gardé pendant 30 ans le silence.

L'action en paiement du solde se prescrit également par 30 ans à dater du jour de l'arrêté de compte, ou à défaut de ce règlement, à partir du jour de la dernière opération.

L'action en rectification pour erreurs, omissions, faux ou doubles emplois se prescrit également par 30 ans; on a voulu limiter à 10 ans le délai de la prescription en invoquant par analogie l'art. 1304 qui fixe à 10 ans la prescription de l'action en nullité. Toutes les causes de redressement dont parle l'art. 541, pouvant se ramener au terme commun d'erreurs, l'art. 1304, qui limite la prescription des actions ayant pour but la réparation d'erreurs, serait, dit-on, applicable. — Nous ne le pensons pas; l'action en redressement n'est pas une action en nullité : on redresse le compte, mais on ne l'annule pas; on ne doit donc pas étendre la disposition exceptionnelle de l'article 1304 et l'on retombe dans le droit commun. Quant au point de départ du délai, ce ne sera pas la date de la découverte de l'erreur; mais bien le jour de l'acceptation du compte, car, du moment qu'on repousse l'application de l'art. 1304, il faut le repousser complétement, puisque le motif du point de départ de la prescription de l'art. 1304 est justement la brièveté du délai.

CHAPITRE IX.

DE LA PRESCRIPTION EN MATIÈRE DE COMPTE COURANT.

Nous examinerons d'abord la prescription des actions auxquelles donne lieu la clôture du compte courant et la prescription relative aux articles composant le compte et aux intérêts.

Quant à l'action en redressement du compte pour usure, la question ne se pose même pas, puisque l'action ne repose sur aucun des moyens de nullité prévus par le Code civil ; on appliquera la prescription de droit commun. Si le compte n'a pas été soldé, le point de départ sera le même que celui de la prescription de l'action en paiement, c. à d. le jour de la clôture ; dans le cas contraire, ce sera le jour du paiement. Mais il peut se présenter en certains cas une situation intéressante : supposons qu'au moment de l'arrêté de compte, Bernard se trouve créditeur de 12.000 fr. et Raymond créditeur de 10.000 fr. mais que le crédit de Bernard comprenne 4.000 fr. de perceptions usuraires. On balance le compte tel qu'il se comporte au 1er décembre 1844, Raymond est constitué à cette date débiteur de 2.000 fr.; le 15 décembre 1844, il paie ce solde. Plus tard, le 2 décembre 1874, Raymond songe à réclamer ce qu'il a payé de trop en acquittant des perceptions usuraires : il ne peut plus demander le redressement du compte puisqu'il vient d'être prescrit; s'il avait agi avant le 1er décembre il aurait obtenu la révision du compte; les 4.000 fr. des perceptions usuraires eussent été retranchés du crédit de Bernard, Raymond eût été créancier de 2.000 fr. en vertu du compte et de 2.000 fr. qu'il avait payés indûment; il lui serait dû 4.000 fr. — Au 2 décembre au contraire, il n'a plus que son action en répétition de l'indû, et Bernard lui dira : Vous ne pouvez me réclamer que l'indû que vous avez effectivement versé, c'est-à-dire 2.000 fr. Pour le reste des 4.000 fr., je ne vous les dois plus; car ces autres 2.000 fr. ont servi à compenser une créance que vous aviez contre moi; sans les 4.000 fr. de perceptions abusives, vous auriez été créancier de 2.000 fr., or cette créance serait aujourd'hui prescrite; d'autre part, si vous considérez cette compensation comme un paiement, le paiement remonte à plus de 30 ans et ne peut être répété. Raymond dans ce cas ne pourra donc plus répéter que 2.000 fr. (Dietz. p. 288).

§ 2. *Prescription des articles du compte courant et des intérêts* — L'entrée des créances en compte courant produisant novation, toute prescription commencée se trouve interrompue. Il n'y a plus qu'une prescription unique, la prescription trentenaire à dater de la clôture du compte. Toutes les créances qui figurent dans un compte courant sont soumises, indépendamment de leur nature propre, à une prescription unique de trente ans dont le point de départ est le jour de l'arrêté de compte définitif.

Il résulte de là, que pendant toute la durée du compte courant, la prescription se trouve avoir cessé à l'égard des divers articles qui y sont entrés. C'est une conséquence de l'indivisibilité du compte et de la novation. Elle se produit notamment pour les effets de commerce prescriptibles en principe par cinq ans, et qui par suite de leur entrée en compte courant se trouvent n'être plus soumis qu'à la prescription trentenaire s'appliquant au solde. Supposons, par exemple, que j'aie accepté une ou plusieurs de vos traites à découvert, que j'en ai effectué le paiement et que nous soyons convenus que la valeur en serait passée dans notre compte courant. Le compte est arrêté plus tard et je soutiens que le paiement que j'ai fait constitue en ma faveur un article de crédit compris dans le compte. Pourrez-vous m'opposer la prescription quinquennale soit à compter de l'entrée en compte, soit à dater de l'arrêté de compte? Non, parce que votre dette primitive a été remplacée par un article du compte courant et l'action qui résulte de ce compte ne se prescrit que par trente ans à compter de la clôture.

Il en sera de même pour les intérêts, si ces intérêts échus ont été eux-mêmes passés en compte courant, mais s'ils n'ont pas été eux-mêmes passés dans le compte; ils sont prescriptibles par cinq ans, non pas à dater de l'échéance, comme l'exige l'art. 2277, mais à dater du règlement du compte, parce que les parties en se mettant en compte courant, se sont engagées à suspendre toute action distincte jusqu'au jour du règlement : s'il ne leur est pas permis de distraire du compte aucun des articles pendant qu'il court, comment leur serait-il permis d'en distraire les intérêts qui ne sont que les accessoires de chaque article (Feitu, n° 33). L'art. 2277 se trouve ainsi écarté, même au cas où les intérêts n'ont pas été convertis en capital.

Si l'on suppose que les opérations du compte ont cessé depuis longtemps, depuis vingt ans par exemple, mais que le compte n'a pas été apuré et que c'est seulement vingt ans après la dernière opération que l'instance en liquidation s'est engagée, on peut se demander si les intérêts sont dus depuis le jour de la dernière opération, c'est-à-dire pour vingt ans, ou seulement depuis les cinq ans qui ont précédé la demande en liquidation, les quinze autres étant effacés par la prescription. En d'autres termes la prescription quinquennale des intérêts non capitalisés court-elle du jour de la dernière opération qui a clos le compte, ou du jour du règlement du compte? On a prétendu que c'est du jour de la dernière opération (M. Ballot, *Revue pratique*, t. I, p. 112). En effet, dit-on, le créancier est en faute de n'avoir pas fait liquider sa créance; s'il laissait trente ans s'écouler, son action en règlement serait prescrite; pourquoi en serait-il autrement pour les intérêts, s'il a laissé s'écouler cinq ans sans provoquer une liquidation? Le créancier qui fait apurer immédiatement le compte subit l'effet de la prescription, s'il reste cinq ans sans réclamer d'intérêts; s'il est négligent, et reste vingt ans sans liquider ce compte, il a le droit de réclamer rétroactivement vingtans d'intérêts ; ce résultat inique ne peut exister. — Ce résultat est certainement déplorable, mais nous le croyons forcé, parce qu'il est impossible que l'art. 2277 puisse s'appliquer à des créances dont la quotité est indéterminée; tant que le chiffre du capital n'est pas fixé, le droit aux intérêts ne peut se trouver soumis qu'à la prescription qui éteindra le droit au principal, *contrà non valentem agere non currit præscriptio.* Mais, objecte-t-on, cette maxime n'a ici aucune application, car le créancier pouvait agir : il pouvait demander l'apurement du compte, il est non pas, *non valens,* mais il est *non volens* ; il y a négligence de sa part à ne pas intenter l'action principale et il doit en être puni.

Nous répondrons que d'abord cette négligence n'existe pas en droit, puisque son action en règlement n'est prescrite qu'au bout de trente ans ; si donc au bout de vingt ans on lui permet de réclamer encore le principal, comment ne pas lui permettre de réclamer l'accessoire qui, n'étant et ne pouvant être fixé qu'en même temps que le principal, ne peut donner lieu à une action distincte. Il peut même n'y avoir pas négligence en fait : le correspondant cesse de faire des opérations de compte courant ; l'autre partie ne peut-elle pas supposer qu'il y a simplement une suspension momentanée de relations et non l'intention de les rompre ? des circonstances quelconques peuvent même appuyer cette appréciation et, dans tous les cas, le silence de l'autre partie, qui a qualité pour provoquer également le règlement, doit faire supposer qu'elle entend que le compte continue ; dès lors les intérêts ne doivent-ils pas continuer à courir.

Nous pensons donc que l'on pourra réclamer tous les intérêts échus entre le jour de la dernière opération et celui du règlement ; c'est seulement lorsque la liquidation sera effectuée que la prescription quinquennale commencera à courir. Ces principes ont été consacrés par la jurisprudence, seulement nous y apporterons un tempérament : nous dirons qu'il y a règlement, lorsque les parties se sont accordées pour reconnaître qu'un compte a été clos en fait et réglé à cette date ; il ne sera pas nécessaire qu'il y ait eu un débat contradictoire, une convention spéciale. Si par exemple, à la date de la dernière opération, l'une des parties envoie à son correspondant sa balance qui le constitue débiteur et que, depuis cette époque, la partie créancière ne lui envoie plus aucun compte ; elle reste vingt ans sans poursuivre le règlement ; les intérêts seront prescrits; car le règlement, bien que pouvant être discuté ne l'a pas été en fait et le créancier ne peut invoquer l'incertitude de sa créance, puisqu'il l'a lui-même liquidée et qu'il avait dès lors la possibilité d'agir tant pour le principal que pour les intérêts.

POSITIONS.

DROIT ROMAIN.

I. Le privilége accordé à ceux qui avaient déposé de l'argent chez les *argentarii* passe avant ou après les autres priviléges, selon qu'il s'exerce sur les sommes provenant de dépôts ou sur les autres biens de l'*argentarius*.

II. Le contrat *litteris* consiste non pas en une seule inscription (*expensilatio*), mais en deux inscriptions corrélatives sur le même *codex* (une *expensilatio* et une *acceptilatio*).

III. Les *chirographa* et les *syngraphæ* sous Justinien sont des modes de preuve, mais ne constituent pas des modes de s'obliger *litteris*.

IV. Le banquier qui réclame plus que l'excédant résultant de la balance de son compte est déchu de son droit pour toute sa créance et non pas seulement pour la somme par lui réclamée.

V. Les *argentarii* associés pour l'exploitation d'une même banque sont créanciers et débiteurs solidaires.

14

DROIT FRANÇAIS.

DROIT CIVIL.

I. L'hypothèque constituée pour sûreté d'un crédit prend rang au jour même de son inscription, bien que la réalisation du crédit soit postérieure à cette inscription.

II. En cas de prorogation d'un crédit ouvert pour un temps limité, l'hypothèque qui garantit le solde n'est opposable aux tiers que jusqu'à concurrence du solde existant au jour où le compte aurait dû être clos.

III. La convention d'anatocisme pour intérêts non échus est prohibée.

IV. Les intérêts non capitalisés se prescrivent par cinq ans à dater du jour du règlement du compte courant.

V. Le juge peut accorder des délais de grâce pour le paiement du solde d'un compte courant, même si ce compte comprend des remises d'effets de commerce.

VI. L'usage de compter dans le calcul des intérêts l'année par 360 jours au lieu de 365 est contraire à la loi de 1807.

VII. Les règles de l'imputation légale des paiements et de la compensation ne sont pas applicables aux remises faites en compte courant.

DROIT COMMERCIAL.

I. La clause sauf encaissement doit être sous-entendue dans les remises faites en compte courant et produit son effet indépendamment de la faillite de l'une ou l'autre partie.

II. Le récepteur seul peut se prévaloir de la clause sauf encaissement.

III. Les remises faites en compte courant n'ont pas le caractère de paiements et l'art. 446 C. comm. ne leur est pas applicable.

IV. Quand le prix d'une vente faite par le commissionnaire a été passé en compte courant entre le commissionnaire et le commettant, celui-ci ne peut plus en cas de faillite du commissionnaire réclamer ce prix à l'acheteur, quand même ce dernier ne l'aurait pas encore payé.

V. La capitalisation des intérêts telle qu'elle est pratiquée en compte courant est illicite.

VI. Le droit de commission ne peut pas être perçu à l'occasion d'un report à nouveau ou d'un renouvellement d'effets.

PROCÉDURE CIVILE.

I. La compétence exceptionnelle qui résulte de l'art. 59, § 7 ne s'applique qu'au cas où l'action est née du fait même de la faillite.

II. La compétence spéciale qui peut exister en vertu de l'art. 420, C. pr., relativement à une créance passée en compte courant, ne peut être invoquée par celui qui demande le paiement du solde du compte courant.

HISTOIRE DU DROIT.

I. Les *argentarii* tirent leur origine des trapézites grecs et non de la magistrature éphémère des *mensarii*.

II. Les *argentarii* ne constituaient pas de véritables officiers publics.

DROIT CRIMINEL.

I. Le récepteur d'effets en compte courant en devient propriétaire et peut en disposer à son gré sans se rendre coupable du délit d'abus de confiance prévu par l'article 408 du Code pénal.

II. Le tribunal correctionnel saisi d'une poursuite en banqueroute simple est compétent pour apprécier si le prévenu a laqualité de commerçant et s'il est en état de faillite.

DROIT DES GENS.

I. Un Etat viole la neutralité lorsqu'il tolère dans un de ses ports la construction d'un navire de guerre pour le compte d'un belligérant.

II. Les capitaines de navires de commerce capturés peuvent être considérés comme prisonniers de guerre.

Vu par le Président de la thèse
VALETTE.

Vu par le doyen de la Faculté
G. COLMET-DAAGE.

Vu et permis d'imprimer.
Le Vice-Recteur de l'Académie de Paris
A. MOURIER.

Paris. — Imprimerie de E. DONNAUD, rue Cassette, 9.

A
B